로컬의 오늘

LOCAL

로컬의 오늘

나상윤 외 지음

저항과 연대의 거점 강서 양천민중의집 사람과 공간 사용설명서

이배진

로컬의 오늘

저항과 연대의 거점 강서양천민중의집 사람과공간 사용설명서

1판 1쇄 2019년 6월 3일
지은이 나상윤 외
펴낸곳 이매진 펴낸이 정철수
등록 2003년 5월 14일 제313-2003-0183호
주소 서울시 은평구 진관3로 15-45, 1018동 201호
전화 02-3141-1917 팩스 02-3141-0917
이메일 imaginepub@naver.com 블로그 blog.naver.com/imaginepub
인스타그램 @imagine_publish
ISBN 979-11-5531-104-2 (03300)

- 환경을 생각해 친환경 용지로 만들고 콩기름 잉크로 찍었습니다.
- 값은 뒤표지에 있습니다.
- 이 도서의 국립중앙도서관 출판시도서목록(CIP)은 서지정보유통지
  원시스템 홈페이지(http://seoji.nl.go.kr)와 국가자료공동목록시스템
  (http://www.nl.go.kr/kolisnet)에서 이용하실 수 있습니다(CIP 제어 번
  호: CIP2019019550).

차례

추천사

– 과거를 이야기하고 내일로 안내하는 오늘의 책　　　　　7
　　양경규 | 민주노총 전 부위원장, 공공연맹 전 위원장

– 마을 아니면 노동, 마을 그리고 노동　　　　　　　　11
　　정경섭 | 마포 민중의집 전 대표

서문　　　　　　　　　　　　　　　　　　　　　　15

1부　로컬의 오늘
　　강서양천민중의집 사람과공간 사용설명서

　　　1. 프롤로그　　　　　　　　　　　　　　　　21
　　　2. 누군가는 미쳐야 일이 된다　　　　　　　　31
　　　3. 가치와 인권을 담는 공간　　　　　　　　　43
　　　4. 공간 공유와 공간 나눔　　　　　　　　　　55
　　　5. 공간 사용법　　　　　　　　　　　　　　　61
　　　6. 접속 1 — 노동조합과 마을을 잇는 나눔연대 사업　71
　　　7. 접속 2 — 마을과 노동조합을 잇는 나눔연대 사업　85
　　　8. 참 어려운 일, 노조하고 연대하기　　　　　95
　　　9. 노동의 가치를 마을에 전파하는 일　　　　109
　　10. 문화로 노동 인권을 말하다　　　　　　　119
　　11. 서로 돕기와 인큐베이팅　　　　　　　　　129
　　12. 힘겨운 운영, 그러나 지역 거점으로 우뚝 서다　137
　　13. 계륵, 지자체 협력 사업　　　　　　　　　145
　　14. 진보 정치를 둘러싼 고민　　　　　　　　155
　　15. 중장기 전망을 모색하다　　　　　　　　　167
　　16. 민중회관을 세우자는 도원결의　　　　　　177
　　17. 되돌아보기와 한발 더 나아가기　　　　　187
　　18. 민중의 집 운동에 관하여　　　　　　　　196
　19. 에필로그　　　　　　　　　　　　　　　207

2부 | 오늘의 로컬
강서양천민중의집 사람과공간 사용 후기

"같이 가고 싶은 곳이 있어"   215
이선영 | 강서아이쿱생협

지속 가능한 소확행의 장, 사람과공간   220
조은순 | 서울강서양천여성의전화

연대하는 삶이 주는 기쁨   223
이진영 | 어린이책시민연대 양천지회

마음이 깃드는 정원, 사람이 깃드는 공간   228
강명옥 | 돌봄노동자 소모임 마음정원

노조와 지역의 연결 고리, 사람과공간   231
김문석 | 금속노조 삼성전자서비스지회 양천분회

다음 정차역은 사람과공간입니다   234
강선규 | 9호선 청소 노동자

어려울 때 함께한 곳, 함께해서 행복한 곳   238
김은선 | 사단법인 희망씨 사무국장 겸 상임이사

이화의료원노동조합 제2의 사무실, 사람과공간   243
김점숙 | 보건의료노조 이화의료원지부

요란하고 시끌벅적하게 빵그빵그   247
임정은 | 빵과그림책협동조합

풀뿌리 진보 정치의 요람을 바라며   253
정성욱 | 양천풀뿌리정치연대

과거를 이야하기하고
내일로 안내하는 오늘의 책

양경규 | 민주노총 전 부위원장, 공공연맹 전 위원장

세상을 바꾸겠다고 안간힘을 쓰며 사는 사람들이 있다. 각자 나름의 고민과 실천을 쏟아부으며 몇 십 년을 지내다보면, 이 길이 아닌가 싶은 생각이 들어도 좀처럼 가던 발걸음을 멈추거나 다른 길을 찾아 나서기가 쉽지 않다. 살아온 여정에 관한 아쉬움과 미련도 있겠지만, 무엇보다도 새로운 운동을 마주할 두려움이 크기 때문이다.

사회운동은 밖에서 보기에는 역동적이지만 현실에서 나타나는 행동은 사뭇 보수적이다. 사회운동이 치열한 과정을 거쳐 일단 사회 변화의 주변에서 중심으로 들어서게 되면, 그때부터 운동의 방향이 나 전략, 실천을 가름하는 가장 중요한 요소는 경로 의존성이다. 외 부에서 또 다른 충격이 그 운동의 중심에 도달하기 전까지는 좀처럼 이런 양태가 변하지 않는다.

노동운동은 2000년대 초반부터 혁신이라는 이름으로 활로를 모색했다. 정규직 중심 운동 방식이 지닌 한계들이 지적되고 사회운동의 중심에서 주변으로 밀려나고 있다는 자기반성이 시작됐지만, 그런 진단과 문제의식하고는 별개로 실천은 구체화되지 못했다. 그러는 사이 비정규직은 1000만 명을 넘어섰고, 노동의 양극화는 걷잡을 수 없이 확대됐다. 사회운동으로서 노동운동이 하는 구실은 축소됐고 사회적 위상 또한 눈에 띄게 추락했지만, 노동운동은 공장 담벼락 안으로 자꾸 움츠러들기만 했다. 출구를 열고 공장의 담을 무너트리려 하는 새로운 운동을 모색하려는 시도는 오히려 공장 밖에서 일어났고, 공장 안의 노동운동은 그럴수록 공장 담벼락에 벽돌 한 장 더 얹는 일에 몰두하기 일쑤였다. 과감한 전환과 담대한 도전을 해야 했지만, 풍성한 논의는 늘 실천으로 이어지지 못하고 공장 안에서 맴돌기만 했다.

여기 그 벽을 넘어서려 한 어느 노동운동가의 분투가 기록돼 있다. 2009년이 저물어 가던 그 여름에 나상윤이 묵직한 고민을 안고 내게 왔다. 오랜 기간 오롯이 아낌없이 땀 흘려 일한 공공연맹(지금은 공공운수노조)을 그만두고 새로운 길을 찾아보고 싶다고 했다. 전국 단위 거대 담론을 중심으로 하던 자기 운동의 한계를 이야기하면서 작은 일이라도 아래에서 시작해 사회 구조의 변화를 고민하는 새로운 운동을 하고 싶다고 했다. 노동운동과 지역운동이 결합하는 운동, 노동의 가치를 중심으로 하는 새로운 지역 공동체를 고민하고 싶다고 했다. 지역이라는 작은 공간을 통해 또 다른 노동운동, 노동의 가치가 지역을 거쳐 확장되고 노동과 시민의 분절이 극복되는 새로운 노동운동을 해보고 싶다고 했다. 공장 담을 넘어서는 새로운 운동을 만들어보고 싶다고 했다.

이런저런 고민을 같이하며 긴 시간을 함께했지만, 새로운 길을 시작하겠다는 나상윤에게 응원의 말을 보태면서도 두 손 들어 힘껏 박수를 쳐주지 못했다. 작은 일이라고 말했지만, 결코 작은 일이 아니었다. 그 길은 어떤 노동운동가도 걸어가지 않은, 나침반도 없고 지도도 없는 행장으로 가야 하는 길이었다.

그렇게 시작했지만 나상윤은 노동운동의 또 다른 영역을 개척하며 10년의 시간을 달려왔다. 《로컬의 오늘》은 바로 그 10년 동안 나상윤을 비롯해 함께한 사람들이 노동운동의 새로운 길을 열고 지평을 넓힌 과정을 시작부터 끝까지 기록한 책이다. 페이지마다 치열한 고민이 담겨 있고, 그 고민을 실천으로 이어간 땀이 녹아 있다. 그래서 이 책은 과거를 이야기하면서도 노동운동의 내일로 안내한다.

《로컬의 오늘》은 늘 머릿속에 머물던 생각들, 노동조합과 마을을 어떻게 연결할지, 지역의 노조들을 함께 묶어 지역 연대와 사회 연대를 어떻게 만들어갈지, 노동의 가치를 공장 밖의 시민들하고 어떻게 공유할지, 한층 더 다양해지는 부문 운동과 노동운동이 어떻게 결합할지, 풀뿌리 정치에 노동이 어떻게 개입해야 할지를 보여준다. 추상적 구호나 사변적 이론에 머물지 않고 하루하루의 실천을, 그 시작부터 끝까지 온전히 기록했다.

2019년 오늘, 나는 이 책이 안팎으로 많은 도전에 직면하고 있는 노동운동에, 그리고 새롭게 활로를 열기 위해 고민하는 사람들에게 또 다른 나침반이 되기를 기대한다. 나상윤이 발로 써온 기록들이 여러 사람들을 만나면서 현재적 의미가 확장되고 노동운동의 또 다른 내일로 이어지기를 기대한다.

10년 전 먼길을 떠날 때 미처 다 쳐주지 못한 박수, 이제 보낸다.

마을 아니면 노동, 마을 그리고 노동

정경섭 | 마포 민중의집 전 대표

마을은 노동을 만나야 하고, 노동은 마을을 만나야 한다고 말한다. 그렇지만 현실 속 마을과 노동은 가장 먼 곳에서 서로 어색하게 바라보고 있다. 우리는 노동을 하고 마을로 온다. 마을에서 노동을 하러 일터에 간다. 삶은 이 두 가지 생활 세계를 기반으로 한다.

왕자웨이 감독의 영화 〈일대종사〉(2013)에서 주인공 엽문은 말한다. "무술은 오직 두 가지다. 수평 아니면 수직!" 이기면 서 있고 지면 쓰러져 있다는 말이다. 이 대사에 빗대어 다시 말하자면, 우리 삶은 '마을' 아니면 '노동'이다. 마을과 노동의 통역사를 자처하는 나상윤 전 대표의 글을 우리가 읽어야 하는 이유다. 특히나 마을운동과 노동운동을 하는 사람이라면 나상윤 전 대표의 글을 읽고 많은 영감을 얻을 수 있다. 마을과 노동의 통역사는 노동운동과 마을운동의 콜라보레이션을 우리 앞에 담담하게 펼쳐놓는다. 왜 나상윤 전 대표는 이 두 운동의 조합에 꽂혔을까. 어쩌면 내가 마을운동가들에게

11

가끔 듣는 하소연에서 이유를 찾을 수 있을지 모른다.

"이렇게 우리끼리 작고 아기자기한 활동만 하면서 그저 세상이 아름답다고만 하면 되는 건지 모르겠어. 세상에는 여전히 비참한 사건과 사고가 넘쳐나는데 말이지."

몇 사람하고만 관계를 잘 맺고 아기자기한 사업을 기획해 행정기관에 내면 지원금을 받을 수 있는 세상이다. 속된 말로, 착해 보이는 사업을 기획하면 돈을 주는 시대다. 우리네 마을운동이 자칫 잘못하면 '우리는 좋은 세상에 살고 있다'고 홍보하는 도구로 전락할 수도 있다. 반대로 마을이 빠진 노동운동은 대중의 정서에서 점점 멀어지고 있다. 우리가 외치는 구호에 걸맞은 세상을 우리가 직접 설계할 수도 있어야 한다. 한편으로는 투쟁을 외치지만, 다른 한편으로는 우리가 곧 우주라는 생각으로 우리만의 질서를 내 생활 세계에서 구축해야 한다. 그 방식이 협동조합이든, 사회적 경제든, 아직 나타나지 않은 또 다른 형태든. 그렇다면 노동운동은 대안 세계를 구축하면서 진보하고 있는 걸까.

마을과 노동은 만나야만 하나가 될 수 있다. 사람은 마을에서 깨어나 노동을 하러 일터에 간다. 노동을 하고 난 뒤 나머지 삶의 대부분은 마을에서 보낸다. 마을(운동)과 노동(운동)의 관계는, 사람이 깨어 있는 동안 일터에서는 어떻게 존엄함을 지키며 지내고 마을에서는 어떻게 행복하게 놀고 먹고 즐기고 연대할지를 고민하는 하나의 '운동'이라고 말할 수도 있지 않을까.

나상윤 전 대표가 민중의 집을 만들겠다고 한 날이 언제인지는 기억 나지 않는다. 다만 드디어 내가 기다리던 일이 일어났구나 하며 기뻐한 사실은 아직도 기억난다. 그랬다. 기뻤고, 조금 과장하자면 꿈이 이뤄지는 듯했다. 민중의 집을 만들기 전에 독일의 사회문화센터를 공부했고, 일본의 공민관을 공부했고, 영국의 아트센터를 공부했고, 프랑스의 문화의집을 공부했다. 결론은 이탈리아 민중의집과 스웨덴 민중의집이었다. 이유는 간단했다. 앞서 열거한 지역 거점 운동 중 이탈리아와 스웨덴의 민중의 집만 노동조합이 주도한 지역운동이기 때문이었다. 유럽 민중의 집에 반해서, 서울 마포에 민중의집이라는 단체를 만들고 2008년부터 2018년까지 10년 간 운영했다. 언젠가 마포 민중의집 총회에서 대표 인사말을 하다가 울먹인 적이 있다.

"점점 더 가난해지고, 점점 더 사람이 없어집니다."

정말 그랬다. 시간이 흐르면서 규모가 커져도 모자란 판에 오히려 사람이 점점 더 줄어들고 재정도 나빠지고 있었다. 상근 활동가는 늘 한 명. 한 운동 단체에서 조직을 운영하고 서로 외롭지 않게 팀워크를 형성하려면 세 명은 필수라고 봤다. 마포 민중의집은 늘 한 명이었고, 그런데도 나는 재정 문제를 해결할 대안을 마련하지 못했다. 결국 치솟는 임대료 등에 떠밀려 민중의집 공간을 철수하게 됐고, 공간이 사라진 뒤 단체는 서서히 끝을 향해 나아갔다.

나상윤 전 대표가 이 책을 쓰게 된 계기라고 스스로 밝힌 '민중회관'은 그래서 시의적절하고 도전적인 계획일 뿐 아니라 생존을 위한 절박한 기획이다. 민중의 집은 민중의 집이라서 중요한 곳이 아니다. 민중의 집은 단체와 단체, 개인과 개인, 개인과 단체를 연결한다.

단절되고 파편화된 개인들, 서로 활동을 돌아볼 여유 없이 각자의 운동에만 몰두해야 하는 단체들을 연결하고, 그 안에서 새로운 자극을 찾아 또 다른 사업을 탄생시키는 모습이 민중의 집의 활동 방식이다.

'민중회관'이 성공하면 지구 반대편에서 새로운 세상을 꿈꾸며 잔돈을 모아 자기들의 세계(건물)를 만든 노동자들의 염원이 한국에서 다시 꽃피게 되는 하나의 '사건'이 된다(민중의 집은 '노동자의 집'이라고 불리기도 하고 '잔돈의 집'이라고 불리기도 했다).

프랑스 사회주의자 콩스탕 아돌프 콩페르 모렐은 1912년에 쓴 《사회주의 대백과》에서 민중의 집을 '사회주의자, 노동조합 활동가, 협동조합 조직이 만든 건물로, 회의 장소, 레스토랑, 상점 등 회원들이 사용한 곳'이라고 정의했다. 지금 우리가 말하는 '민중회관'은 바로 그 민중의 집의 부활인 셈이다. 강서·양천 지역의 노동조합과 협동조합이 함께 꿈꾸는 공간과 세상, 그 꿈은 고리타분한 이상이 아니라 우리가 놓치고 있던 지역운동 전략이다.

한국 사회의 노동운동, 마을운동, 지역운동, 협동조합운동, 시민운동 등은 진보를 위한 만남의 장소를 전략적으로 구축하지 못했다. 요즘에야 여기저기서 자산화 전략이 이야기되고 있지만, 구체적으로 실현된 사례는 손에 꼽을 정도다.

나상윤 전 대표의 꿈은 지속 가능한 지역운동을 위한 강력한 바탕이 될 수 있다고 확신한다. 새로운 토대를 구성하고 그 꿈을 현실로 만들기 위해 오늘도 고군분투하는 나상윤 전 대표에게 아낌없는 존경의 박수를 보낸다.

서문

재미있는 말을 잘할 줄도 모르고 맛깔난 글을 쓸 능력이 없는 내가 책을 쓰기 시작했다. 솔직하게 말하자면 (가)민중회관 건립을 위해 뭔가 의미 있는 이벤트를 해보자는 생각 때문이었다. 몇 년간 '사람과공간'을 운영하면서 사회운동이 지속 가능하려면 무엇보다 안정된 지역거점이 필요하고, 그러려면 공유 자산을 만들어야 한다는 결론에 도달했다. 그래서 꺼내든 카드가 (가)민중회관이다. 문제는 수십억 원에 이르는 재원이었다. 몇 천만 원도 없는 우리가 수십억 원을 만들 수 있을까? 과연 가능한 일일까? 그렇지만 욕망과 의지가 있으면 길은 찾기 마련이다. 수십억 원이 필요한 (가)민중회관을 세우려면 대출이 불가피하겠지만, 최소한의 종잣돈은 스스로 마련해야 한다. 종잣돈을 마련할 방법을 고민하다가 기금 모금을 생각하게 됐고, 모금을 하려면 단순한 홍보물보다는 이야기를 담은 책이 훨씬 더 좋겠다는 결론에 이르렀다.

그동안 사업계획서나 사업보고서는 숱하게 썼지만 사람들이 읽을 만한 글을 쓰는 일은 도저히 엄두가 나지 않았다. 책을 내는 지인들을 가끔 볼 때 부러운 마음이 없지는 않았어도, 내가 책을 쓰는 일은 불가능하다고 생각했다. (가)민중회관 건립을 위해 책을 쓰겠다고 공개 선언까지 했지만, 막상 쓰기 시작한 뒤에는 후회를 많이 했다. 왜 쓸데없는 말을 꺼내서 이 고생을 할까 하고 말이다. 아무리 고민해도 상품성이 있고 가독성도 높은 글을 쓰는 일은 무리였다. 그래서 지난 5년 동안 사람과공간에서 지지고 볶으며 길을 닦아 나간 이야기를 활동 중심으로 정리하기로 했다. 읽는 재미야 덜하겠지만 비슷한 고민을 하는 누군가에게는 도움이 될 수도 있겠다는 생각이 든 때문이었다. 게다가 지난 5년 동안 벌인 활동을 스스로 정리할 필요도 없지 않았다.

글을 쓰면서 (가)민중회관 건립을 알리는 목적 말고도 두 가지를 더 기대했다. 첫째, 퇴직을 앞두거나 퇴직한 노조 활동가들이 인생 이모작을 고민할 때 참고가 되기를 바랐다. 기업별 노조라는 틀을 벗어나 새로운 세계에 입문하자고 권하고 싶었다. 기대 수명이 80세를 넘어가는 지금 '인생 2막'을 준비하는 일은 필수가 됐다. 자기 삶터가 자리한 지역에서 벌이는 공동체 활동은 새로운 삶을 일구는 데 큰 도움이 될 뿐 아니라 지역 사회의 변화에도 기여할 수 있다. 둘째, 노조 활동의 확장을 고민하는 활동가들이 대안의 하나로 검토할 자료가 되기를 바랐다. 노조 활동이 노동운동이 되려면 기업의 울타리를 넘어서서 노동자 계급 전체 또는 민중의 권익을 지향해야 한다. 짧은 경험이지만 사람과공간은 그런 방향에 걸맞은 사례이며 시도할 만한 가치도 있다고 나는 감히 생각한다.

보통 책을 내면 감사 인사를 전한다. 당사자가 돼보니 그 인사의 의미를 이해할 수 있었다. 무엇보다 가족들이 준 도움이 아니었으면 글쓰기가 매우 어려웠을 듯하다. 일찍 들어오는 날이 별로 없지만 어쩌다 일찍 들어오는 날이나 주말에도 글 쓴다고 키보드만 두드리고 있으니 불만이 없을 수 없었다. 그래도 나를 이해하고 지지한 가족들 덕에 이 책을 마무리했다. 갑작스런 부탁인데도 사람과공간 사용 후기를 기꺼이 써준 공동 필자들에게도 감사를 전한다. 과분한 칭찬과 표현으로 낯이 뜨겁기는 하지만, 그분들이 없었으면 이 책은 매우 건조하고 정말 읽기 힘든 보고서가 될 뻔했다. 지난 5년 동안 함께 해준 사람과공간의 식구들도 무엇보다 소중하다. 그분들 덕에 사람과공간이 유지되고 발전해서 오늘이 있게 된 사실은 두말할 나위가 없다. 그리고 5년 전 첫 삽을 뜰수 있도록 함께 해준 공공 현장과 신길수추모사업회에도 감사의 인사를 전한다.

2019년 5월,

우장산에서 나상윤 씀

1부

로컬의 오늘

강서양천민중의집 사람과공간 사용설명서

1
프롤로그

'노래모임 새벽'이 만든 노래 〈해방을 위한 진군〉에는 이런 구절이 있다. '소나기 퍼붓는 옥포의 조선소에서/ 눈보라 날리는 서울 철로 위로.' 이 노래와 그 가사는 1980~1990년대 노동(자)운동을 대표하던 현대중공업과 대우조선 등 조선업 노동자, 철도와 지하철 노동자의 투쟁을 상징한다. 1990년대 초반에 서울지하철노조(지금은 서울교통공사노조)에서 채용 상근자로 활동하던 내게는 서울지하철노동조합가 〈해방역에 닿을 때까지〉(얼마 전 30주년 기념 헌정 음반이 나온 대표적인 민중가요 작곡가 김호철이 만든 노래다)에 더해 가장 인상 깊은 노래로 남아 있다. 그 뒤 나는 철도, 건강보험, 국민연금 등 대표적인 공기업 노조, 인문사회·과학기술 연구기관 노조, 공공 서비스 영역의 비정규직 노조가 많이 참여한 연합 조직인 공공연맹(지금은 공공운수노조)에서 10년 동안 주로 정책 기획 업무를 맡으면서 공공 부문 노동(자)운동을 펼쳤다.

이런저런 사정 때문에 서울지하철노조의 상근 활동을 그만둔 나는 1995년 10월부터 1997년 초까지 농수산물 유통에 관한 연구 활동에 참여해서 (사)농수산물유통연구소를 설립하고 사무국장을 맡았다. 1999년에는 다른 방식의 활동을 해볼 요량으로 오스트레일리아에서 1년 가까이 연수를 했다. 그렇지만 한국 사회를 근본적으로 변화시키는 데 노동조합이, 그리고 노동(자)운동이 무엇보다 중요하다는 생각을 바꾸기는 어려웠다. 오래전에 보수 정당의 정치인으로 변신한 김영환 전 의원이 낸 에세이 《지난 날의 꿈이 나를 밀어간다》를 우연히 본 적이 있다. 읽지는 않았지만 제목을 보자 순간적으로 '삘'이 꽂혔다. 나도 비슷한 생각에서 20여 년 노동(자)운동에 참여했다. 더 많은 시간을 노동(자)운동에 바친 선배들에 견주면 하찮을지 모르지만 말이다.

　살다보면 선의가 선의로 해석되지 않거나 의도하고는 전혀 다른 결과로 이어지는 상황에 직면할 때가 종종 있다. 군사 독재 시절에는 노동자들이 자기 권리를 찾으려 투쟁하는 일 자체가 민주화운동이었고, 전체 노동자의 권익을 신장시키는 결과를 가져왔다. 그러나 언제부터 공공 부문과 대규모 민간 사업장의 투쟁은 의도하지 않은 결과를 초래했다. 노동자들 사이의 임금 격차가 커지고 고용 불안이 심해지면서 비정규직 노동자가 다수가 됐다. 신자유주의에 기반한 자본의 분할 전략이 핵심 원인이지만, 조합주의적 노동(자)운동, 비과

학적 노동(자)운동도 책임이 있다. 일은 객관에서 찾고 성패는 주체에서 찾으라고 했으니 말이다.

외환 위기 뒤 노동(자)운동은 수세에 몰렸다. 위기를 돌파하려고 노동(자)운동이 채택한 전략은 '산업(별)노조 건설'과 '노동자 정치 세력화'였다. 이른바 '양날개론' 전략이다.

기업별 노조는 자본에 대응하기 어려운 만큼 10퍼센트 수준인 조직률을 확 높이려면 서구 유럽의 일반적인 노조 모델인 산업(별) 노조로 전환해야 했다. 매우 어려운 과정을 거쳐 많은 기업별 노조가 산업(별) 노조로 전환했다. 기업별 노조의 관성은 쉽게 사라지지 않고 계급적 단결을 목표로 한 산업(별) 노조는 제대로 작동하지 않았다. 산업(별) 노조가 정상 작동하는 데 필요한 집중 교섭 구조를 만들지 못한 탓이 컸다. 공공운수 부문 산업(별) 노조를 건설해야 한다며 역설하고 조직 구조를 설계하는 실무를 책임진 나는 당혹스러웠다. 도대체 뭐가 잘못된 걸까?

개인 성향 탓에 어느 정도 거리를 두고 있었지만 노동자 정치 세력화라는 흐름은 진보 정당으로 구체화됐다. 여러 차례 실패를 경험한 끝에 출범한 민주노동당이 2004년 총선에서 '무려' 국회의원 열 명을 배출하는 쾌거를 거뒀다. 노동자 정치 세력화에서 민주노동당 이전과 이후를 가르는 결정적 차이는 노동을 대표하는 전국민주노동조합총연맹(민주노총)이 이른바 '배타적 지지 방침'(민주노총은 민주노동당을 유일한 진보 정당으로 인정하고 민주노동당을 통해서 노동자의 정치 세력화를 추진한다는 방침)을 세워 조직적으로 민주

노동당을 인큐베이팅한 점이었다. 차이는 선거 결과로 극명하게 드러났다. 큰 기대를 받으며 출발한 민주노동당은 예상보다 일찍 분리 또는 분열되면서 그런 성과를 스스로 까먹었다. 어떤 사람은 '성공의 역설'이라고 했다. 도대체 이런 결과는 어떤 원인에서 비롯된 걸까?

새로운 모색

2010년 초, 10년 동안 몸담은 공공연맹을 그만뒀다. 언제부터인지는 모르겠지만 관성에 젖은 사실을 깨달았고, 그 현실을 스스로 인정하기로 했다. 문서를 작성하다가 똑같은 내용을 자기도 모르게 반복해 적고 있는 나를 문득 마주하는 순간이 있었다. 상근자이자 참모로 일하다보니 어느새 관료주의가 내면화된 것이 아닐까 하는 생각도 더러 했다. 내부 갈등에 지치기도 하고, 내 안에서 꿈틀거리는 변화를 향한 욕망도 느꼈다. 많은 업무와 잦은 음주 때문에 못 보던 책을 찾아 읽기도 하고, 다른 사람들은 도대체 무슨 고민을 하고 있는지 만나 얘기도 나누고……. 대안 운동의 흐름을 좇으면서 이런저런 고민을 이어갔다.

그러던 중 협동조합운동에 새롭게 주목하게 됐다. 협동조합 관련 자료를 찾아 읽고, 강좌를 듣고, 협동조합 운동가들을 만나 토론했다. 사회주의와 협동조합에 관한 논문, 협동조합과 노동조합의 관계 등을 다룬 자료도 접할 수 있었다. 협동조합운동을 단순히 중산

마포 민중의집 전 대표 정경섭이 유럽을 다녀와 쓴 민중의집 소개서.

층 소시민 운동으로 폄하하던 생각이 얼마나 편협한지를 확인할 수 있었다. 몬드라곤 협동조합 복합체를 비롯해 여러 사례를 살펴봤다. 근대 협동조합의 효시라는 '로치데일 공정선구자 협동조합'은 물론 '조선노동공제회'가 역사적으로 얼마나 큰 의미를 지니는지를 비로소 알게 됐다.

　　공공연맹을 사직한 뒤 내가 참여하던 공공운수노조 복지협동사업단이 주관하는 '제1회 협동조합학교'가 2011년 10월에 열렸다. 이 '학교'는 두 차례 더 열렸는데, 노동조합과 협동조합을 접목하려는 시도에서 비롯된 성과였다. 노동조합이 주관해 협동조합학교를 개설한 사례는 민주노조운동 내부에서는 거의 처음일 듯하다. 생각보다 많은 사람이 참여했다. 그러나 보이지 않는 저항도 적지 않았다. 지난날 내 생각하고 다르지 않은 관점에서 협동조합에 관한 부정적 인식을 기반으로 삼아 노동조합과 협동조합을 접목하려는 시도를 불편하게 바라보는 시선들을 느껴야 했다.

다른 한편 '지역 운동'을 관심 있게 살펴봤다. 부분보다는 전체를 고민하면서 노선과 정책을 중심으로 조금 추상적인 활동을 펼치는 방식이 전국 운동이라면, 지역 운동은 구체성을 바탕으로 생활 세계에 직결된 활동이 중심이다. 지역과 지방은 다른 개념이다. 지방은 중앙에 대응되는 변두리라는 개념이다. 지역은 어느 정도 동질성을 가지면서 어떤 기준에 따라 구획되는 지리적 공간이며, 전체를 구성하는 부분이다. 삶의 현장인 생활 세계에서 진행되는 지역 운동은 특정한 부문이 아니라 다양한 부문을 포괄하면서도 생활에 직접 결부된 사회운동이라는 점이 매력적으로 다가왔다. 나이를 먹은 탓인지 활동과 생활이 하나로 이어지고 일 때문에 만나는 관계가 아니라 공동체의 구성원으로서 사람들을 만나면 좋겠다는 희망을 품게 됐다.

노동(자)운동은 대체로 부문 운동을 넘어서 전체 운동을 책임지려는 고민과 활동에 치중했다. 한국 사회를 근본적으로 바꾸려면 결국 중앙 정치 권력을 교체해야 하고, 그러자면 전국적 의제를 중심으로 노동(자)운동을 펼쳐야 한다는 생각을 하고 있기 때문이었다. 그렇지만 역사는 중앙 정치 권력의 교체가 그리 쉽지 않을 뿐 아니라 중앙 정치 권력을 바꾸는 변화만으로 사회가 근본적으로 바뀌지 않는다는 사실을 보여준다. 경제 권력을 비롯한 사회 권력을 전반적으로 교체해야 하고, 지역의 풀뿌리 권력을 진보 세력이 주도할 때 한국 사회는 근본적으로 바뀔 수 있다.

그동안 중앙 정치 권력을 교체하는 데 지나치게 집중한 사회운동은 이제 경제 권력과 사회 권력의 교체와 풀뿌리 권력의 양성을 함께 시도해야 한다. 그런 고민의 연장선에서 지역을 기반으로 하는 '사회운동적 노동(자)운동'을 모색하기 시작했고, 우연히 접한 '민중의집 운동'에서 그런 가능성을 발견했다.

단순하게 말하자면 노동(자)운동의 이념적 기반과 노선은 세 가지로 나눌 수 있다. 실리주의 또는 노사협조주의로 불리는 흐름이 있는가 하면, 계급주의 또는 정치주의로 불리는 흐름도 있다. 또한 사회개혁주의라는 흐름도 있다. 각각의 노선을 무 자르듯이 구분하기란 쉽지 않다. 1987년 노동자 대투쟁 이후 1990년대 한국 노동자 운동의 주류를 차지한 경향은 계급주의 노선에 기반하는 세력이 주도했고, 그런 노선을 '전투적 조합주의'라고 불렀다. 특정한 방법론을 의미하는, '전투적'이라는 용어를 앞세우는 노선은 사실 알맞은 개념은 아니다. 보통 계급주의나 정치주의 노선이 전투적인 반면 경제주의 노선은 대체로 온건한 경향을 보인 탓에 전투적 조합주의가 계급주의 또는 정치주의를 의미하는 용어로 받아들여지지만, 현실에서는 경제주의에 결합한 전투성이 결국 실리주의 경향으로 귀착되는 사례도 적지 않기 때문이다.

그동안 한국 노동(자)운동이 보여준 여러 한계와 오류가 이런 이념과 노선 때문이라고 생각한 나는 사회운동적 노동(자)운동 노선에서 대안을 찾으려 했다. 물론 사회운동적 노동(자)운동 노선에 토대를 두더라도 현실에서 실현되는 방식은 다양할 수밖에 없다. 나는 지역 거점을 매개로 삼아 노동조합과 지역의 시민사회를 접속하는 민중의집 운동이 대안적 노동(자)운동의 한 부분이 될 수 있다고 확신했다.

퇴직, 그리고 또 다른 해방역을 향해

지역 거점으로서 저항과 연대의 공간인 민중의 집 설립을 추진하게 된 배경에는 노동(자)운동과 노동자 정치 세력화 운동을 둘러싼 답답함과 대안의 절실함 못지않게 중요한 이유가 있었다. 한마디로 정리하면 미래에 관한 불안함이다. 그리고 나이들기에 관한 두려움이다. 의료 기술이 발전하고 물질적 삶이 풍요로워지면서 인간의 기대 수명은 점차 늘어나고 있다. 한국인의 평균 기대 수명도 80세를 이미 넘어섰지만, 사회 안전망이 취약한 상황에서 노인 빈곤 문제가 매우 심각하다. 물려받을 유산도 없고 평범한 직장인처럼 퇴직금을 기대할 수도 없고……. 한 해 한 해가 지날수록 여기저기 고장나는 몸뚱어리와 눈에 띄게 떨어지는 순발력을 확인하게 되면 마음이 급해진다.

기업별 노조에 기반한 노동(자)운동이 전략적인 접근을 하지 못하는 한계를 누구보다 잘 아는 처지에서 현실에 충실한 태도가 결코 대안이 될 수는 없다는 생각이 들었다. 노동이 존중되는 사회와 더불어 함께 사는 공동체를 만들려는 사회운동에 참여하면서 생활도 유지할 수 있는 방법이 없을까 하는 고민이 현실적인 화두가 됐다. 사실 50대에 이른 활동가라면 겉으로 드러내지 않을 뿐이지 누구나 비슷한 고민을 한다. 딱히 활동가뿐 아니라 대부분의 사람들도 똑같다. 다만 사회운동을 하는 활동가들은 대개 경제 활동에 서툴기 때문에 고민이 더욱 깊을 수밖에 없다. 이미 퇴직한 선배들을 보면 미리 준비한 사람과 그렇지 않은 사람 사이에 드러나는 차이를 확연하게 느낄 수 있었다.

다른 면에서 보면 사회운동 조직에서 일하는 활동가들의 평균 연령이 빠르게 올라가는 모습을 심심치 않게 목격한다. 청춘을 바친 활동가들에게 마땅한 출구가 보이지 않는 탓이다. 경험 많고 숙련된 활동가들이 많은 현실이 꼭 부정적이지는 않지만 전반적인 고령화 현상은 염려할 만한 문제가 분명하다. 청년 활동가들을 양성하지 못하는 사회운동 내부의 풍토 탓도 있을 테지만, 다른 면에서 보면 출구가 막혀 있으니 입구 또한 좁아지기 마련이다. 게다가 사회운동 안에 나이를 중심으로 하는 위계질서가 강한 탓에 청년 활동가들이 설 자리가 좁아지는 경향도 적지 않다.

선배 활동가들이 한걸음 뒤로 물러날 필요가 있다는 생각을 했다. 선배 활동가들은 중견 활동가와 청년 활동가들에게 일선을 맡기고 이선 또는 삼선으로 물러나서, 자기가 지닌 풍부한 경험과 다양한 네트워크를 활용해 새로운 영역을 개척해야 한다. 문제는 이선 또는 삼선으로 갈 만한 물적 토대가 제대로 마련돼 있지 못하다는 점이다. 활동가 각자가 개별적으로 준비하는 방법 말고는 현실적인 대안이 없는 셈이다. 안타까운 일이다.

민주노조운동이 본격적으로 시작된 1987년부터 30년이라는 시간이 흘렀다. 대체로 베이비붐 세대에 겹치는 이른바 '87년 세대'는 이미 퇴직 연령에 다다랐다. 민주노조운동의 세례를 받은 많은 활동가와 조합원들이 대규모 퇴직을 시작하게 된다. 누군가는 귀농이나 귀촌을 하고, 누군가는 다시 비정규직 일자리를 찾아가고, 누군가는 자영업을 시작한다. 경제적인 이유든 늘어난 기대 수명 때문이든 과거하고 다르게 뭔가를 하지 않을 수 없는 상황이다.

노동 중심의 민중의 집 모델은 이 문제에 관련해서 어떤 답을 줄 수 있을지도 모른다고 생각했다. 마을과 노동의 결합체이자 노동(자)운동과 진보 정당 운동의 플랫폼이라는 구실을 노동 중심의 민중의 집이 수행할 수 있다고 봤다. 노동(자)운동에 참여해온 활동가들이 쉽게 접근할 수 있고 새로운 방식의 노동(자)운동을 지속할 수도 있다는 장점 또한 중요했다. 아직 은퇴할 나이는 아니지만 퇴직을 미리 준비하는 한편 퇴직하고 나오는 많은 이들을 민중의 집에서 기다리자고 생각했다.

2
누군가는 미쳐야 일이 된다

2013년 초, 강서·양천 지역에서 민중의 집을 앞장서서 추진할 사람들이 모였다. 활동하면서 쌓은 관계를 기반으로 삼아 지역 운동의 필요성을 공감하고 함께 책임질 수 있는 이들이었다. '공공운수노조 서울본부', '노동정치연대 서울', '공공운수현장조직', '신길수추모사업회'의 책임자들은 지역 운동을 개척할 거점으로서 민중의 집을 설립하기로 의견을 모았다. 이 네 주체들은 그 뒤 사람과공간을 만들고 운영하는 과정에서 물적, 인적, 심적 지원을 아끼지 않았다.

종잣돈 모으기

무슨 일을 벌이거나 뭔가를 만들려면 아무래도 인력과 재정이 가장 큰 문제가 되기 마련이다. 규모 있는 공간이 필요한 때는 재정 부담이 무엇보다 클 수밖에 없다. 일에는 순서가 있는 법. 종잣돈을 모으기로 했다. 그동안 활동을 같이한 공공 부문 노조 활동가들, 그중에서도 공공운수현장조직 활동가들에게 손을 많이 내밀었다.

"노동(자)운동을 혁신하려면 이제 지역 운동을 개척해야 합니다. 일단 제가 먼저 시작하고 책임도 질 테니까 지역에서 활동 거점을 마련할 종잣돈을 모으는 일에 참여해주세요."

처음에는 개인당 100만 원씩 모으자고 제안했지만, 부담이 된다는 의견이 많아서 모금 기준을 50만 원으로 낮췄다. 말이 모금이지 사실상 '강탈'이나 다름없었다. 40여 명이 이런 '협박'에 공감해서 50~100만 원씩을 냈고, 두어 달 만에 2000만 원 정도가 만들어졌다. 참으로 고마운 일이다. 50만 원도 결코 적은 돈이 아니다. 그런데도 모두 흔쾌하게 힘을 보탰다. 2000만 원은 말 그대로 종잣돈일 뿐 더 많은 돈이 필요했다. 사무실 임대 보증금에 공사비가 필요했고, 이런저런 장비와 비품을 사야 했다. 신길수추모사업회가 나서서 이 문제를 해결했다. 보증금 무상 대여에 더해서 사무실 공사비로 쓸 수 있게 따로 2000만 원을 건넸다.

신길수 열사는 동아엔지니어링 노동조합 위원장이었다. 외환 위기 뒤 불어닥친 구조 조정과 정리해고의 칼바람에 맞서 투쟁하다가 1999년 모든 것을 노동 해방의 제단에 맡긴 분이다. 가신 이의 정신을 기리려는 동료와 선후배들이 모여 추모사업회를 꾸리고 남은 자녀들을 돌보면서 노동(자)운동에 기여하는 활동가의 자녀들을 대상으로 장학 사업을 벌였다. 추모사업회는 사람과공간이 신길수 열사

1996년 말 '노개투 총파업' 때 신길수 열사(가운데 깃발 든 이)가
명동성당 앞에서 전문노련 깃발을 들고 서 있다.

의 뜻을 실현하는 여러 길 중에 하나라고 보고 과감하게 지원을 결정
했다. 그래서 사람과공간의 메인 홀을 '신길수홀'이라고 부른다.

함께할 사람들 모이기

사람과공간을 진짜로 만드는 일을 추진할 사람들이 모였다. 뜻을 함
께하는 신석호, 박태하, 정경섭 등을 모아 민중의 집을 만들 실무 준
비를 시작했다. 강서·양천 지역의 인구 현황을 비롯해서 산업 특성을

분석하고, 지역 노동조합을 비롯한 시민사회의 역량을 조사했다. 조사 결과를 토대로 분석하고 토론하면서 민중의 집을 만들 설계도를 조금씩 완성했다.

어느 정도 가닥이 잡히고 설계도가 만들어질 즈음에 함께 일을 진행하던 박태하와 신석호가 다른 일을 하겠다며 이탈을 선언했다. 나는 모두 함께 상근한다고 생각했는데, 두 사람은 생각이 조금 달랐다. 지역 운동의 필요성이나 지역 거점을 마련하는 일의 중요성은 우리 모두 전적으로 공감했지만 자기가 직접 상근하면서 일을 하는 것은 다른 차원이었다. 정경섭은 마포 민중의집의 '창업자'이자 운영자로서 경험을 전달하고 조언을 하는 위치여서 직접 참여할 수 있는 상황은 아니었다.

실행 단계에 들어가야 하는 상황이어서 상근할 사람을 빨리 찾아야 했다. 노동(자)운동을 경험하고 그런 관점에서 지역 사업을 할 사람을 찾는 일은 결코 쉽지 않았다. 마음이 맞을 만한 사람은 이미 자기 일을 하고 있었다.

8월 말에 정경섭 마포 민중의집 대표가 전화를 걸어왔다. 민주노동당 강서지역위원회에서 사무국장으로 활동하던 한정희를 소개했다. 한정희는 진보 월간지 《사회평론 길》과 한겨레신문사에서 내는 《ECONOMY21》에서 기자로 일한 뒤 민주노동당 강서지역위원회 사무국장과 서울강서양천여성의전화 사무국장 등 지역 활동을 거쳐 잠시 쉬고 있었다. 노동조합 활동을 한 적은 없지만 노동에 애정을 가진데다가 지역 사업도 경험한 사람이었다.

2014년 1월 4일, 은행정 책마당에서 추진위 결성식을 열었다.

한 배를 타기로 한 한정희 덕에 강서·양천 지역을 기반으로 하는 활동가들을 여럿 만났다. 이현주, 민동원, 정성욱, 남덕현, 전희순 등이다. 강서·양천 지역에 살고 있는 노동(자)운동 활동가들도 모았다. 임혜숙, 임진희, 조창우, 김창선, 최충환, 박창순, 백생학 등이다. 그이들하고 지난 5년을 함께했다. 안타까운 일도 있었다. 많은 도움을 준 서울지하철노조 활동가 백생학이 2015년 말에 지병으로 세상을 떠나고 말았다. 노동 열사들이 잠든 모란공원에 그이가 쉴 자리가 마련됐다. 벌써 3년이라는 세월이 흘렀다. 같은 동네에 사는 후배라 가까운 곳에 사는 몇몇하고 함께 집집마다 돌아다니며 자주 술잔을 기울이던 사이였다. 지금 생각해도 고맙고 미안할 뿐이다.

본격 추진 단계로 들어가면서 4개 추진 단위 활동가와 지역 활

2013년에 처음으로 연 강서·양천 김장 나눔 행사.

동가들은 기획팀을 꾸려 구체적인 계획을 잡았다. 2013년 11월 4일, 기획팀 회의가 처음으로 열렸다. 설립 추진위 구성 방안과 세부 계획을 짜고 첫 사업으로 12월 1일에 김장 나눔 행사를 열기로 했다.

개인적으로 김장 나눔 행사를 이미 10월 중순부터 준비하고 있었다. 지역에서 관심을 끌고 우호적인 여론을 형성할 이벤트로 기획한 프로그램이었다. 한 달 보름 정도 되는 짧은 시간에 준비를 하고 행사를 치렀는데, 노동조합들이 도와주지 않았으면 불가능했다. 실무 준비, 재정, 인원 동원까지 대부분을 노동조합의 힘으로 해결했다. 특히 장소를 제공한 서울에너지공사 노조의 도움은 절대적이었다. 하루 전부터 양념을 준비한 뒤 130여 명이 참여해서 절임 배추 1200포기를 버무리고 포장까지 끝냈다. 규모가 큰 사업을 기획하고 집행한 내 경험도 적지 않은 도움이 됐다.

김장 나눔 행사가 잘 마무리되자 강서양천민중의집 설립 계획은 탄력을 받기 시작했다. 노동조합과 지역의 사회 단체를 직접 찾아가 설명회를 열고 발기인으로 참여해달라고 요청했다. 그런 성과들을 모아서 마침내 2014년 1월 4일에 '은행정 책마당'에서 추진위 결성식이 열렸다. 은행정 책마당(bookmadang.tistory.com)은 양천 지역에서 민주노동당에 참여하던 활동가들이 지역 거점 사업을 벌이려고 양천구 신월동에 마련한 북카페다. 양천 지역 주민들이 모이는 사랑방 구실을 하던 그곳은 지금도 잘 유지되고 있다.

그때부터 부동산 중개소를 뻔질나게 드나들었다. 여러 곳에 들러 우리가 원하는 조건을 자세히 설명하고 협조를 구했다. 차가운 날씨 속에서 두 달 정도 발품을 팔았다. 마음에 드는 곳도 여럿 있었지만 꼭 한두 가지가 문제였다. 결국 돈이 가장 큰 결정 요인이었다. 반쯤 포기하고 그나마 가장 나은 곳을 고를 수밖에 없게 된 상황에서 우연히 지금 사람과공간이 자리하고 있는 곳을 발견했다. 순전히 두 달 동안 발품을 판 덕이었다. 기획팀에서 마련한 기준을 대부분 충족하는 곳이기도 했다.

2월 초에 계약을 하고 내부 공사를 시작했다. 운영위원으로 참여한 황규식이 공사를 맡았다. 건설 엔지니어링 업계에서 일하면서 노조 간부를 거친 경력이 있었다. 부업으로 건축 공사를 한다는 말을 듣고 민중의집의 공간을 설계하고 내부를 꾸미는 일을 맡겼다. 전문

열심히 일하고 있는 김창선 회원(왼쪽)과 박주동 회원(오른쪽).

가라서 신뢰하기도 했지만 빠듯한 공사비를 아낄 수 있다는 기대도 품었다. 어려운 공사를 맡아준 인연에 더해 공사 결과물도 좋은 평가를 받으면서 황규식은 뒤이어 이화의료원노동조합 사무실, 강서아이쿱생협 사무실, 지역아동센터 인테리어 공사까지 맡았다. 서로 윈윈한 셈이었다.

공사하는 도중에 내부 구조 설계가 여러 번 바뀌었다. 용도에 맞을 뿐 아니라 요즘 트렌드도 고려해야 하기 때문에 설계를 고칠 수밖에 없었다. 심지어 페인트칠을 한 뒤에 어울리지 않는다며 덧칠을 하기도 했다.

빠듯한 공사비를 아끼느라 많은 분들이 수고와 노력 봉사를 아끼지 않았다. 그중에서도 서울도시가스노조 위원장 출신인 김창선 회원과 관세무역개발원노조 위원장을 맡고 있던 박주동 회원은 웬만한 일꾼 한 사람 몫을 톡톡히 했다. 두 사람은 말 그대로 쓸고 닦기를 반복했고, 잡다하지만 꼭 해야 될 일들을 기꺼이 맡아서 해줬다. 노조를 만들자마자 투쟁을 벌이던 금속노조 삼성전자서비스지회 양천분회도 힘을 보탰다.

다시 힘찬 발걸음

내부 공사를 끝내고 집기와 장비를 들여놓자 사무실이 어느 정도 완성됐다. 이제 창립 발기인대회를 잘 치르는 일만 남은 셈이었다. 시간이 많지는 않았지만 다들 열심히 준비했다. 50명이 넘는 발기인이 한자리에 모여 3월 15일 창립 발기인대회를 열었다. 회칙을 정하고, 사업과 예산을 심의하고, 운영위원과 공동대표를 뽑았다. 우리가 모일 공간의 이름을 정하는 투표는 치열했다. 세 차례에 걸쳐 표결을 진행한 끝에 '강서양천민중의집 사람과공간'이 선택됐다. 영문 이름은 우리들이 마련한 공간이 지닌 의미를 살리자는 생각에서 'space for people'로 정했다. 나는 상임대표로 선출됐다. 양경규 신길수추모사업회 회장, 고동환 공공운수노조 서울본부장, 이현주 강서·양천 지역 시민사회 활동가가 공동대표가 됐고, 한정희는 사무국장을 맡았다.

창립 발기인대회가 잘 끝난 뒤 곧바로 개소식을 준비하기 시작했다. 여러 손님을 초청해 마련한 개소식은 4월 3일에 열렸다. 단병호 전 민주노총 위원장이 축사를 했고, 지역에서 활동하는 여러 시민단체 사람들도 참석해 격려를 아끼지 않았다. '동종 업계'인 마포 민중

2014년 3월 15일에 열린 창립 발기인대회 모습.

개소식 안내 웹자보.   내 옆지기가 보내준 응원 화분.

'동종 업계 초청 밥상 모임'에 모인 사람들.

'지역 시민사회 초청 밥상'에서 민중의집을 소개하는 나.

의집, 구로 민중의집, 인천서구 민중의집 사람들이 와서 뜨겁게 환영해줬다. 돼지머리 대신 돼지 저금통을 올려놓고 진행한 고사에서는 짭짤한 축하 성금이 쌓였고, 내 옆지기(동거인)는 '당신을 지지해요'라고 적은 리본을 단 대형 화분을 축하 선물로 보냈다.

　개소식을 마친 뒤에는 강서·양천 지역 시민사회단체들을 초청해서 '밥상 모임'을 열었다. 말하자면 집들이 행사였다. 집행부가 음식을 직접 준비해서 함께 먹고 마시며 서로 소개하는 교류 행사를 '초청 밥상'이라는 형식으로 진행했다. 밥상 모임은 마포 민중의집과 구로 민중의집 대표들이 조언한 행사였다. '식구(食口)'라는 단어가 같이 밥을 먹는다는 데에서 비롯됐다는 말이 있다. 밥상 모임을 거치면서 우리도 가족처럼 가까워졌다.

　집들이는 다른 곳의 민중의집 운영자들을 초청하면서 시작했다. 마포, 구로, 인천 서구의 민중의집 상근자들을 초청한 첫 밥상 모임은 '선배'들을 예우하고 소중한 경험을 듣는 자리가 됐다. 마을 공동체와 지역 노조들을 초청해서 사람과공간을 소개하는 자리를 여러 차례 마련했다. 사람과공간은 지역 사회의 구성원으로 자리를 잡아가기 시작했다.

3
가치와
인권을
담는 공간

가끔 묻는 사람들이 있다. 왜 강서·양천이냐고. 많은 남자들은 나이를 먹으면 몇 가지 '로망'을 품는다. 단독 주택 짓고 살기나 귀촌과 전원생활 같은 삶 말이다. 시골 출신은 아니지만, 농사를 짓지는 않아도 언젠가 시골에서 살아야 하지 않을까 하는 생각을 조금씩 했다. 도시에 견줘 공동체 문화가 조금이라도 남은 시골에서 살고 싶은 기대와 욕망이 있었지만, 가족 때문에 내 마음대로 되는 문제가 아니라서 고민이 많았다.

그러다가 도시에서, 그것도 서울에서 지역 운동의 가능성을 발견했다. 이른바 마을 공동체를 접하게 됐다. 마포 '성미산 마을'과 우이동 '삼각산 마을' 같은 사례를 알게 되면서 자료를 찾아보고 직접 찾아가 설명도 들었다. 도시에서도 지역 운동과 공동체식 삶이 불가능하지는 않다는 희망을 갖게 됐다. 어느 날 공공연맹에서 같이 활동한 후배 이상훈(2018년 지방선거 때 서울시 시의원이 됐다)을 우연히 만났다. 나보다 먼저 마을 공동체 운동에 참여하고 있었다. 우이동 삼각산 마을로 들어가 목공소를 차려 마을 목수를 하면서 삼각산재미난마을 사무국장을 맡고 있었다. 많은 이야기를 들었다.

이런 사례들을 좀더 비판적으로 살펴보려 했다. 세상과 사물은 늘 양면이 있기 마련이었다. 성미산 마을 공동체는 선구적인 사례이고 마을 공동체 운동을 촉발한 긍정적인 측면이 많지만 문제점도 지적되고 있었다. 육아 문제를 함께 해결하려고 만든 공동육아협동조합으로 시작한 성미산 마을 공동체는 가족 형태가 다양하게 변화하는 세태를 반영하지 못했고, 의도하지 않았지만 수요가 늘어나면서 집값 상승이라는 부작용도 생겼다. 젠트리피케이션 현상인 셈이었다.

비판적으로 접근하게 된 이유는 무엇보다 노동 문제를 외면한다는 의심 때문이었다. 박원순 시장이 당선한 뒤 서울시가 의욕적으로 추진하는 마을 공동체 사업이 지니는 근본적 문제의 하나였다. 마을 공동체 사업 중에서 노동 문제나 노동 인권 문제를 제대로 다루는 사례는 거의 없었고, 마을 공동체를 형성하는 일에 투입되는 사람들은 대부분 활동가라는 이름 아래 기간제 고용 형태의 비정규직 노동자 지위였다. 그나마 '어공'(어쩌다 공무원)이라도 되면 다행이었지만, 대부분은 마을 활동가라는 이름 아래 비정규 노동을 하고 있었다. 사업도 연속성이 없는 사례도 많았고 노동 감수성도 모자라 보였다.

정치 무관심 또는 불개입도 문제였다. 우리가 먹고, 마시고, 생활하는 모든 일은 정치에 직결된다. 대부분 법과 제도에 따라 규정되고, 법과 제도는 정치 영역에서 이해관계자가 개입해 결정되기 마련이다. 마을 공동체는 정치 문제를 의도적으로 배제하는 사례가 많았다. 정치 문제가 민감하기도 하고, 행정 지원을 받을 때는 더욱 예민해질 수도 있기 때문이다. 그렇다고 정치 자체를 외면하거나 배제하는 방식은 바람직하지 않다고 나는 생각한다.

강서·양천에 자리잡은 이유

다른 민중의 집들은 한 자치구를 배경으로 하지만 우리는 두 자치구를 포괄하는 '강서양천민중의집'으로 이름을 정했다. 지역 특성을 고려한 결정이었다. 행정 구역상 영등포구에서 1977년에 강서구가 나뉘고, 1988년에 다시 강서구에서 양천구가 나뉘었다. 이런 지역의 역사에 더해 시민사회 역량이 다른 지역에 견줘 취약한 탓에 강서와 양천을 포괄하는 단체가 많았다. 강서양천환경운동연합, 서울강서양천여성의전화, 서울남서여성민우회 등이 그렇다. 이름을 '강서양천'으로 하되, 강서구를 주요 거점으로 삼고 사무실은 양천구에 가까운 곳에 두기로 했다.

　서울의 25개 자치구를 살펴보면 지역 시민사회의 역량이 상대적으로 크고 활력이 넘치는 곳들이 있다. 관악, 동작, 노원, 성북, 은평, 마포, 서대문, 용산, 강동, 송파 등이 그렇다. 이런 곳은 제쳐두고 역량이 취약해 보이는 곳을 골랐다. 굳이 잘하고 있는 지역으로 가서 '과당 경쟁'을 할 필요가 없다고 생각했다. 물론 내가 양천구에 살고 있는 점도 주요 변수라는 점을 부정할 수는 없었다.

강서·양천 지역을 고른 데에는 중요한, 아니 가장 중요한 이유가 따로 있다. 다른 민중의집하고 다르게 강서양천민중의집은 기획 단계부터 노동 사업을 주요 사업 영역으로 정했다. 조직할 노동자가 많거나 노동 사업에 참여할 수 있는 노조가 많은 곳을 선택해야 했다. 서울은 산업 구조의 특성상 제조업보다는 공공 부문과 공공 서비스나 민간 서비스 영역이 많다. 강서·양천 지역에는 공공 부문 노조가 특히 많다. 공항공사, 가스공사, 가스기술공사, 서울교통공사, 서울에너지공사, 중소기업유통센터, 서울도시가스, 대한항공, 아시아나항공, 이화의료원 등의 본사 또는 지사가 자리했고, 전교조와 공무원 노조, 언론 노조에 속한 시비에스(CBS)와 에스비에스(SBS)도 있었다. 삼성전자서비스와 종합유선방송 사업자 소속의 비정규직 노조도 속속 만들어졌다.

얼마면 돼, 공간과 자금

한국 사회에서 공간을 매개로 하는 민중의 집 운동이 마주하는 결정적 한계는 역설적이게도 '공간' 자체다. 부동산 비용이 감당할 수 없을 정도로 크기 때문이다. 공간을 다양하게 활용하려면 일정한 규모를 넘어야 한다. 사회운동의 재정 상태는 대부분 좋지 않은데, 알맞은 공간을 사거나 빌리는 데 너무 많은 비용이 들어간다. 오죽하면

'조물주 위에 건물주'라는 말이 있지 않던가?

　사람과공간을 시작하기 전에 관련된 자료도 찾아보고, 다른 사례도 분석하고, 지역 거점 공간을 찾아가 살펴보기도 했다. 동원할 수 있는 자원의 규모와 필요한 공간의 크기가 불일치하는 현실은 정말 해결하기 어려운 문제였다. 어떤 사람들은 동원할 수 있는 자원을 고려하지 않고 일을 크게 벌이다가 낭패를 보기도 한다. 안전 모드로 설정해서 실력에 맞는 수준으로 일을 벌이는 사람들도 있다. 지속성을 확보하려면 안전 모드가 필요하지만, '공간'을 매개로 하는 사업이라는 점에서 '공간의 다양성'을 확보할 수 없는 규모에서는 제대로 활동하기가 어렵다. 경험에 따르면 어떤 일을 도모할 때는 초기에 만들어지는 이미지도 매우 중요했다. 구멍가게 수준인 공간을 마련한 곳과 이마트 정도는 아니더라도 대형 마트 수준의 공간을 마련한 곳은 잠재 이용자들에게 다르게 비칠 수밖에 없다. 모험을 시도하기로 했다. 일단 우리의 필요를 감당할 수 있는 최소한의 공간을 찾기로 했다.

　어떤 용도로 쓸 공간인지에 따라 위치와 구조가 달라진다. 지역 사업을 하려면 지역 주민들하고 '생활 세계'를 공유해야 한다. 공간을 만든다고 해서 지역 주민이 곧바로 그 공간을 이용하고 생활 세계를 공유하지는 않는다. 이런 점은 지역 거점 공간을 운영하는 곳들을 조사하고 인터뷰하는 과정에서도 확인된 사실이다. 구로 민중의 집은 문을 열고 현수막을 건 뒤 세 달 정도는 거의 아무도 찾아오지 않았다고 한다. 더군다나 우리는 노동 사업을 중심으로 설정한 만큼 이런 특성을 고려할 필요가 있었다. 노동조합을 핵심에 놓고 활동하되 점차 무게 중심을 지역 주민으로 옮기는 식으로 운영 전략을 세웠다. 이런 전략은 재정 문제에도 연관돼 있었다. 현실적으로 운영에 필요한 재정의 많은 부분을 노조의 지원과 협조에 기댈 수밖에 없기 때문에 노조의 필요와 요구를 만족시키는 일이 우선이었다.

어디에, 그리고 어떻게

아직 이름을 정하지 않은 상태에서 우리들의 공간이 자리잡을 곳을 찾고 내부 구조를 설계하는 데 세 달 정도가 걸렸다. 먼저 위치를 선택하는 기준을 마련했다. 강서구에서 양천구에 가깝고 지역 주민을 접촉하기 쉬운 곳은 화곡역 또는 까치산역 주변이었다. 이곳은 사람도 많이 살고 유동 인구도 많아 임대료가 매우 비쌌다. 도로 폭이 좁은데 교통량은 많아 자가용을 이용하기에는 불편했다. 이런 점은 노동조합이나 노동자들이 공간을 이용하는 데 걸림돌이 될 수 있다.

　다음으로 공간을 선택하는 기준을 정했다. 첫째, 50평은 넘되 70평 정도까지 고려한다. 공간을 다양하게 구성하려면 50평 이상은 돼야 한다. 둘째, 숙박이 가능하며 조리 시설을 설치할 수 있어야 한다. 셋째, 장애인 접근성을 보장해야 한다. 넷째, 남녀가 독립적으로 사용할 수 있는 화장실이 있어야 한다. 물론 더 중요한 기준이 있다. 현실적으로, 그리고 결과적으로 비용은 모든 선택 기준을 넘어서는 문제다. 아무리 모든 조건이 충족되더라도 비용을 감당할 수 없으면 불가능하기 때문이다. 이 조건은 임차를 해야 하는 상황에서는 두고두고 문제가 될 수밖에 없다.

화곡역과 까치산역 주변을 두어 달 가까이 샅샅이 훑었지만 이런 기준을 충족한 곳을 찾는 일은 매우 어려웠다. 늘 한두 가지가 모자랐다. 모든 조건을 만족하면 임대료가 매우 비쌌고, 임대료가 싸면 다른 조건이 문제였다. 차선을 선택해야 하는 상황이 다가오고 있었다. 그러던 어느 날 차를 타고 가다가 우연히 등촌중학교 맞은편 건물에 걸린 커다란 현수막을 발견했다.

"사무실 70평 임대……."

곧바로 전화를 하니 다행히 아직 임대차 계약이 안 된 상태였다. 한 가지를 빼면 임대료까지 포함해서 모든 조건을 충족했다. 도로변에 자리한 사무실이지만 1층이 아니고 2층이며, 승강기가 없었다. 장애인 접근성이 문제였지만 더는 선택의 여지가 없었다. 그나마 계단 수가 적다는 점을 위안 삼으며 계약서에 도장을 찍었다.

빈 공간 나누고 채우기

계약을 한 뒤에는 70평(전용 면적 65평)을 어떻게 설계할지 논의하는 회의를 여러 번 했다. 처음에는 다양한 소모임들이 쓸 소모임방을 여러 개 만들려 했다. 사무 공간은 물론 좌식 방과 조리 시설도 배치했다. 문제는 회의실이었다. 적어도 40~50명이 모일 강좌나 회의에 쓸

공간이 필요한데, 소모임방을 여러 개 만들면 그럴 수가 없었다. 여러 차례 설계를 바꾸면서 어느 정도 가닥을 잡았다.

그러던 중 '민중의집 그룹 회장'을 자칭하던 마포 민중의집 대표 정경섭과 사무국장 오김현주가 찾아왔다. 정경섭은 한국에서 처음으로 '민중의집 운동'을 제창하고 마포 민중의집을 만든 자칭 타칭 '한국의 스티브 잡스'였다. 2008년부터 마포 민중의집을 운영한 경험을 바탕으로 공간 구성에 관해 조언하러 왔지만, 일성은 '시기와 질투'였다. 그때 운영 중이던 7개 민중의 집에 견줘 우리가 고른 공간이 가장 컸다. 정경섭은 북카페 형태의 개방된 공간 구조를 '강추'했다. 그 제안을 받아서 우리는 소모임방을 과감히 포기하고 칸막이를 설치해 공간 전체를 통으로 사용하는 방식으로 설계를 바꿨다.

벽을 보고 음식을 조리하는 일반적인 형태의 부엌을 버리고 이른바 '아일랜드 키친'으로 설계를 바꿨다. 부엌이 전체 공간에서 분리되지 않게 하고 부엌일을 하는 사람과 공간 사용자가 자연스럽게 어울리는 장점이 있었다. 결과를 보면 신의 한 수였다.

좌식 방은 숙박을 고려한 면도 있지만, 무엇보다도 아이들을 위한 공간이었다. 지역 활동을 하다보면 이런저런 행사에 아이들이 많이 온다. 아이들이 머물 공간이 따로 없으면 곤란할 때가 있다. 아이들 때문에 프로그램에 참여하기 어렵게 되거나 프로그램 진행에 차질이 빚어지기도 한다. 참가자들은 아이들을 좌식 방에서 놀게 하고 강좌를 비롯한 여러 가지 프로그램에 참여할 수 있다. 어린이책을 모두 좌식 방에 배치한 것도 그런 이유 때문이다. 돌보는 사람이 따로 없을 때는 예상하지 못한 사고가 일어날 수도 있기 때문에, 좌식 방 방문에 투명한 유리를 끼워 아이들이 방안에서 뭘 하는지를 밖에서도 '감시'할 수 있게 했다. 70평이나 되는 공간의 기능과 구실을 처음부터 세밀하게 계획하지는 못했다. 여러 사람이 많은 이야기를 나누고 사람과공간을 운영하면서 그때그때 필요에 따라 기능과 구실이 정해졌다.

사무국 구실을 하는 사무 공간은 최소화했다. 상근자가 많지 않은데다가 요즘은 사무실보다는 카페 같은 곳에서 노트북으로 업무를 보는 사례도 많아서 넓게 만들 필요가 없었다. 다만 공간 관리자가 아니라 이용자들이 자유롭게 업무를 볼 수 있는 자리를 마련했다. 여러 가지 장비와 집기를 보관할 창고도 따로 만들었다. 재미있게도 쉽게 눈에 띄지 않아서 사람과공간에 창고가 있다는 사실을 모르는 사람이 많다. 어떤 곳이든 시간이 흐르면 살림살이가 늘어나게 마련이고, 창고가 모자라다는 생각이 들게 된다. 그럴 때를 대비해 창고는 넉넉하게 만들어야 한다.

공간 용도에 따라 내부 설비도 달라질 수밖에 없다. 평범한 사무실처럼 회의와 교육, 업무용으로 쓰면 거기에 맞게 설계하고 설비나 장비도 갖춰야 한다. 사람과공간은 사무실 기능에 더해 문화 행사나 파티까지 할 수 있는 복합 문화 공간으로 꾸몄다. 그런 기능에 맞춰서 좌식 방과 부엌이 배치됐고, 음향 장비와 영상 장비가 설치됐다. 탁자와 의자도 사무실이 아니라 카페에서 쓰는 종류로 샀는데, 주변의 도움을 받아 중고로 마련해 비용을 줄였다. 그때도 마찬가지였지

소통을 고려한 아일랜드식 부엌.

파놉티콘 기능을 더한 좌식 방.

사람과공간의 중심, 신길수훌.

소회의실. 지금은 '빵그'가 많이 쓴다.

철선으로 고정한 사진을 전시하는 모습.

만 요즘 폐업하는 자영업자가 많은 탓인지 카페 등에서 쓰던 중고 물품을 싸게 살 수 있다고 한다.

다양한 방식으로 공간을 이용하게 되면서 전시 공간이 필요해져서 액자를 걸 수 있는 철선도 매달았다. 사람과공간이 주관한 '노동이 아름다운 세상' 공모전에서 입상한 사진이나 그림을 그 철선에 달아 전시했다.

리모델링, 리스타트

사람과공간이 문 열고 2년이 지날 무렵 건물주가 바뀌었다. 바뀐 건물주는 부동산 중개업자를 거쳐 우리에게 나가달라고 요구했다. 나는 농담처럼 법적으로 보호되는 임대 기간 5년이 지나면 건물을 아예 사버리자고 자주 말했다. 어느 날 갑자기 건물이 팔리고 바뀐 건물주가 나가달라고 하니 여간 당혹스러울 수가 없었다. 중소기업을 운영하는 바뀐 건물주는 이곳을 사옥으로 쓸 계획이라면서 적당한 이주비를 주겠다고 했다.

말로만 듣던 건물주의 '갑질'을 겪게 되는구나 하고 긴장했다. 임차인의 권리를 주장하며 건물 앞에 앉아 '투쟁'하는 우리들의 모습도 상상했다. 고민을 했지만 마땅한 방법이 없었다. 법이 보장하는 임대차 계약 기간 5년을 다 채울 수 있게 해달라는 뜻을 전했다. 어렵다면 현실적인 이주비를 달라고 요구했다. 2년이 지나면서 어느 정

리모델링을 하기 전 건물 외관(왼쪽)과 리모델링이 끝난 뒤 건물 외관(오른쪽).

도 자리를 잡아가는 상황인데 갑자기 옮기면 여러 가지 기회비용이 생길 수밖에 없으니 합당한 보상을 받아야 한다고 생각했다. 다행히 비교적 합리적인 새 건물주가 법적 임차 기간인 5년을 보장하겠다고 해서 한숨을 돌렸다. 대신에 리모델링을 할 예정이고 임대료는 2년이 지난 만큼 올릴 수밖에 없다고 했다. 비용 부담이 커지지만 법은 법이니 거부할 근거가 없었다.

리모델링을 하자 건물 외관과 내부가 그야말로 새로워졌다. 건물 뒤편에 있는 주차장을 정비해 주차 공간이 넓어졌고, 무엇보다 화장실이 깔끔하고 편해졌다. 외벽에 돌판을 덧붙이고 창문도 이중창으로 바뀌었다. 그 덕에 냉난방비가 줄어 임대료 상승분을 어느 정도 상쇄했다. 2018년 초에는 재계약을 하면서 1년 남은 임대 기간을 2년으로 연장했다. 사람과공간은 적어도 2020년 2월까지는 한곳에 머물 수 있게 됐다.

4
공간 공유와
공간 나눔

지역에서 활동하는 시민사회단체는 대개 상근자가 한두 명이거나 많아야 서너 명 정도다. 상근자를 두지 못하고 반상근자만 여럿인 단체도 많다. 여러 가지 이유가 있겠지만, 무엇보다 재정 문제가 가장 크다.

인건비 못지않게 큰 부담이 되는 항목이 사무 공간 임차비다. 임차료 부담이 인건비 부담보다 훨씬 큰 사례도 많을 듯하다. 그러다 보니 지역 단체의 사무실은 대부분 사무 공간에 작은 회의실 하나가 딸려 있다. 총회 같은 대규모 회의나 강좌 같은 교육 프로그램을 진행할 때 마땅한 공간을 찾기가 쉽지 않다.

서울은 박원순 시장이 마을 공동체 사업이나 사회적 경제 등에 관련된 사업을 확대하면서 지자체가 소유한 공간을 많이 개방하고 공간 지원 사업을 적극적으로 벌인 덕에 조금 숨통이 트이기는 했다. 그래도 저녁이나 주말에 넓은 공간을 이용하기가 그리 쉽지 않다. 공간을 관리해야 하는 문제가 있기 때문이다. 게다가 공공 공간에서 음주가무를 즐기는 행사는 상상하기 어렵다.

'공간 전략'에 관심을 갖게 되는 배경의 하나가 바로 이런 점이었다. 사회적 연대라는 가치를 지향하는 공동체 운동의 차원에서 공간 문제를 접근하려 했다. 어떤 단체나 운동체든 자기만의 목적과 지향이 있다. 민중의 집 운동도 마찬가지다. 일반적인 부문 운동 단위에 견줘 '공간을 통해서 다양한 사회운동의 연결망을 구축'하는 일 자체가 목적이고 지향이라는 점이 다르지만 말이다.

공간 공유의 철학

이런 목적과 지향을 실현하려면 공간이 다양하게 사용될 수 있어야 하고 일정한 규모를 갖춰야 한다. 사람과공간은 그런 요구에 부응한다. 그렇지만 여전히 공간을 둘러싸고 '임대인'과 '임차인'으로 나뉘면 온전한 네트워킹이 되기 어렵다. 공유 개념을 도입할 필요가 있었다. 모두 주인 구실을 할 수 있어야 한다. 물론 이런 구조를 법이나 제도로 실현하기는 쉽지 않다.

내가 찾은 답은 공간 공유 모델이다. 형식으로 보면 이용(법적으로는 전대에 가깝다)이지만 이용이 아니라 공유라는 개념을 쓴다. 단순 이용자가 아니라 공유자로 신분이 상승한다. 공간의 주인이자 공간 운영의 주체가 된다. 사람과공간 쪽에서 보면 공간을 독점하는 지위를 잃게 되지만 반대로 재정 안정에 기여한다. 불규칙하게 공간을 이용하는 사례하고 다르게 공간을 공유하는 단체가 여럿이 되면 거기에 맞는 의무를 수행하기 때문에 재정 면에서도 도움이 된다. 공간을 공유하게 되면 각 단체는 자기만의 사업과 네트워크를 가지고 들어온다. 네트워크가 더욱더 확장된다.

공간 이용자는 공간을 이용할 때만 비용을 지불하지만 공간 공유자는 달마다 일정한 사용료를 납부한다. 임차료를 분담하는 셈이다. 분담의 결과로 권리가 주어지며, 사람과공간은 독점 권리자가 아니라 권리 공유자로 지위가 바뀐다.

공간 공유자들

처음부터 공간을 공유한 곳은 인터넷 언론 '레디앙'이다. 사람과공간이 출발할 때 단독 운영은 부담이 너무 클 수 있다고 생각했다. 공간 공유자를 찾다가 이사를 고민하던 레디앙이 그물망에 걸려들었다. 레디앙은 유일하게 단독 공간을 쓰는 공간 공유자다. 공간을 설계할 때부터 공간 공유를 염두에 둔 때문이다.

그다음 공간 공유자는 사람과공간을 기반으로 만들어진 '키다리진로직업교육협동조합'(키다리 쿱)이다. 키다리 쿱은 소회의실을 주로 사용했다. 키다리 쿱이 인큐베이팅한 '강서진로주치의'(강진주)도 한동안 키다리 쿱하고 한 공간을 쓰다가 독립해서 나갔다. 그 뒤 '강서아이쿱생협'과 '빵과그림책협동조합'(빵그)이 공간 공유자가 됐다. 두 단체가 공간 공유자가 되면서 낮 시간에 공간을 사용하는 비중이 크게 늘었다. 이른바 '회전율'이 높아진 셈이다. 강서아이쿱생협과 빵그의 활동가들은 대부분 여성이고 일상생활에 연계된 일이 많아 주로 낮 시간에 활동한다.

2018년 10월에 들어온 마지막 공간 공유자는 전국교직원노동조합 서울지부 산하의 2개 지회다. 원래 전교조 지회 3곳이 목동역 주변에 자리한 사무실을 함께 썼다. 상근자가 없고 일주일에 한 번 정도 사용하면서 적잖은 월세를 내는 바람에 해결책을 고민하다가 사람과공간에 합류해 레디앙 사무실을 공유하기로 했다.

처음에는 공간 공유 단체들이 이해관계가 달라서 오해도 생겼다. 단체들은 관행처럼 공간을 독점 사용하는 방식을 염두에 둔 듯했다. 그렇지만 우선 사용권과 독점 사용권은 달랐다. 단체들이 특정한 공간을 하루 종일 쓰지도 않고 칸막이로 완벽히 분리돼 있지도 않기 때문에 비어 있을 때는 누구든 쓸 수 있게 했는데, 이런 방식을 서로 다르게 받아들였다. 협의를 거쳐 우선 사용권으로 정리됐지만, 관행에 비추어 보면 당연한 오해였다.

공간 공유에 관한 새로운 철학이 필요하다. 먼저 소유 문제다. 임차한 공간이지만 독점 소유권을 주장하지 않고 공유함으로써 소유 문제를 넘어서야 한다. 둘째, 공유 주체들 사이의 차이 문제다. 다름을 인정하지 않으면 공유가 어렵다. 일치하는 점은 취하고 차이는 미뤄두는 '구동존이(求同存異)' 정신이 중요하다. '다름'을 포괄하면 사회의 다양성이 확대되고 문화가 풍부해진다.

공간을 이용하는 방식을 살펴보자. 가장 기본이 되는 용도는 회의와 교육이다. 소규모 회의 서너 개가 동시에 진행될 수도 있고, 대규모 회의와 소규모 회의가 함께 돌아갈 수도 있다. 신길수홀에는 보통 50여 명이 앉는데, 조금 무리하면 80여 명까지 모일 수 있다. 공간 사용료도 다른 데 견주면 아주 싸다. 조금 과장하면 물값과 전깃값 정도 된다. 완벽한 조리 시설도 있다. 아일앤드 키친은 음식 만들기 프로그램은 물론 밥상 모임이나 뒤풀이 같은 행사를 하는 데 알맞다. 회의나 교육이 끝나고 뒤풀이 장소로 옮길 때 참가자들이 많이 빠져나간다. 같은 공간에서 뒤풀이가 이어지면 아무래도 참가자가 그대로 유지되기 마련이다. 직접 만들어 나눠 먹어도 되지만, 뒤처리가 걱정되면 배달 음식을 시킬 수도 있고 케이터링 서비스를 활용해도 된다. 사람과공간 차원에서 조리 시설을 활용해 반찬 만들기, 수제 맥주 만들기, 막걸리 만들기 같은 모임을 진행하기도 한다.

공간 애용자들

공간 공유자는 아니지만 사람과공간을 애용하는 대표적인 단체가 '마음정원'이다. 요양보호사 소모임 마음정원은 거의 4년 동안 사람과공간을 애용하고 있다. 한 달에 두 번꼴로 모임을 여는데, 50~60대 여성들이 주축이어서 그런지 음식을 준비해서 직접 조리하는 경우가 많다. 마음정원은 사람과공간의 다른 프로그램과 강서구 노동복지센터가 마련한 프로그램에도 자주 참여하면서 가장 큰 혜택을 누린다. 달마다 한 번씩 '토토즐'이라는 프로그램을 진행하는 학습지 교사 모임도 3년째 사람과공간을 애용하고 있다. 그 밖에도 서울강서양천여성의전화와 지금은 다른 구로 옮긴 한살림서울생협 서부지부도 공간 애용자다.

넓고 편리한 공간을 값싸게 쓸 수 있다는 소문이 나면서 보드게임 모임, 인터넷 게임 모임, 애니메이션 모임 같은 동호회도 사람과공간을 이용하게 됐다. 이런 모임은 주말에 밤을 새면서 공간을 이용한다. 1박 2일로 공간을 대여하는 방식은 위험 부담이 컸다. 관리 책임자가 같이 있어야 하는데 쉬운 일이 아니고, 예기치 못한 사고라도 터지면 대책이 없기 때문이다. 결국 숙박 또는 1박 2일 대여는 얼마 안 가 중단했다.

5
공간
사용법

사람과공간에서 진행한 여러 생활문화 사업은 지역에 자리잡은 공간이 어떻게 사용될 수 있는지를 잘 보여준다. 여러 프로그램 중에서 가장 성공적인 사례를 꼽으라면 '몸펴기 생활운동' 강좌다. 몸펴기 생활운동은 사람들이 평소 허리를 세우고 가슴을 펴면 건강해진다는 간단한 원리에서 출발한 주민 대상 건강 프로그램이다. 일주일에 한 번 목요일 저녁에 15명 안팎이 모여 요가 매트를 깔고 딱딱하게 굳은 몸을 펴는 스스로 운동법이다. 입소문이 나서 한때 대기자만 30여 명에 이르기도 했다. 이런 성과를 바탕으로 수강생 중에서 강사를 배출해 화요일 오전반도 만들었고, 강서구 청소년회관과 성당 등에서 주민 대상 프로그램도 개설했다. 임진희, 이현주, 한정희, 조은순 등이 수강생으로 시작해서 사범 자격증을 딴 대표적인 인물이다.

조리 시설을 이용한 프로그램도 여러 가지를 진행했다. 그중 '반찬 만들기'가 대표적이다. 밑반찬은 조금만 하기 어렵고 많이 하면 남기 쉽다. 이런 어려움을 해결하기 위해 재료를 공동 구매한 뒤 사람과 공간에 같이 모여 만들고 조금씩 나누는 일종의 협업을 시도했다.

처음에는 급증하는 1인 가구, 그중에서도 청년층을 불러모으려는 생각이었다. 모여보니 '동네 아줌마'들이 더 많았다. 음식이야 늘 만들어야 하는데, 집에서 혼자 하기보다는 모여서 수다도 떨면서 함께 만드니 꽤 재미가 있었다. 나도 매번 참여해서 함께 만들고 나눠 가졌는데, 집에 가면 옆지기는 모처럼 쓸모 있는 일을 했다고 칭찬했다.

'그때 그때 공방'도 인기가 많았다. 바느질 모임. 천연 화장품 만들기, 막걸리 빚기 등을 진행했다. '술은 셀프'라는 이름을 단 수제 맥주 만들기 모임이 끝까지 살아남았다. 전희순 부대표는 초청 강사에게 배운 기술을 바탕으로 몇 차례 시행착오를 거쳐 수제 맥주 만들기 강사로 활약하는 경지에 올랐다. 처음에는 발효가 제대로 되지 않아 수제 맥주다운 풍미를 살리지 못했지만, 경험을 쌓으면서 곧 전문가 수준이 됐다. 나는 발효가 제대로 안 된 맥주를 사주는 소비자 구실을 하면서 초기 기술 축적에 크게 공헌했다. 처음에는 2만 3000리터 발효통 2개를 써서 두 종류를 만들다가 지금은 발효통을 4개로 늘려 네 종류를 만든다. 발효통에서 1차 발효가 되면 병에 넣어 2차 발효를 한다. 3~4주 정도 지나면 맛있는 수제 맥주를 마실 수 있다. 맥주

사람과공간의 히트 아이템 몸펴기 모집 웹자보.　　　　그때그때 뭐라도 만든 '그때 그때 공방'.

같이 모여 만들고 필요한 만큼 나누는 반찬 만들기 모임.

를 맛본 사람들 중에 팔면 사겠다는 사람도 꽤 있었고, 후원 주점에 서도 인기를 끌었다.

사람과공간은 문화 공간 구실도 톡톡히 한다. 초청 강연, 시 낭송회, 출판 기념회, 노래 공연, 영화 감상회, 전시까지 못하는 일 빼고 뭐든지 다 할 수 있다. 200인치짜리 스크린, 빔 프로젝터, 빵빵한 앰프 덕에 영화 보기에도 아주 좋아서 가끔 의미 있는 다큐멘터리를 만든 감독을 초청해 같이 영화를 보고 대화도 나눈다.

처음 문을 연 2014년에는 이런저런 초청 강연회를 많이 열었다. 박대용 《뉴스타파》 기자를 초청해 한국 언론이 지닌 문제를 진단하고, 김규항 작가를 초청해 교육 문제를 짚어보고, 페미니스트 은하선 작가를 초청해 성평등에 관해 대화를 나누고, 유순웅 연극배우를 초대해 연극과 인생에 관한 이야기를 들었다. 특히 유순웅 연극배우는 강연 참가자를 모두 대학로에 초청해서 자기가 출연하는 일인극을 감상할 기회를 주기도 했다.

초청 강연자 중에 특별히 고마움을 전해야 할 사람이 있다. 만화 《조선왕조실록》을 펴낸 인기 만화가 박시백이다. 박시백은 대학교에서 학생운동을 같이한 동기다. 5·18 광주민중항쟁을 만화로 그려 동기들의 칭찬을 받은 박시백은 학생운동을 마치고 노동(자)운동을 한다며 남쪽 끝으로 내려갔다. 그런데 어느 날 그 이름을 신문에서 만났다. 박재동 화백이 그리던 《한겨레》의 그림판을 이어받은 사람이 바로 박시백이었다. 그러다가 《조선왕조실록》을 만화로 완간하겠다며 스스로 그림 감옥으로 걸어 들어가 10년 세월을 보냈다. 박시백은

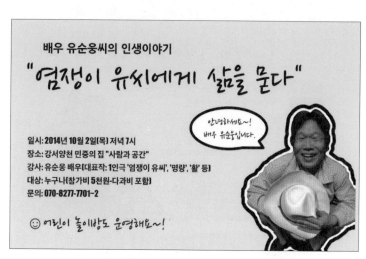

유순웅 연극배우를 만나 연극과 인생 이야기를 들었다.

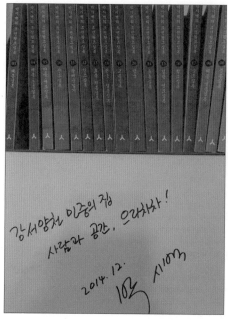

박시백 작가가 기증한 《박시백의 조선왕조실록》.

연대와 저항의 힘을 모아 탈핵으로 가는

영화 밀양아리랑 공동체 상영회

일시 2015년 3월 27일 금요일 오후 7시~10시

장소 강서양천민중의집 사람과공간

내용 - 다큐영화 '밀양아리랑' 상영
- 밀양 할머니들과 이야기 나눔
- 765kv 밀양송전탑건설반대
법률지원기금모금을 위한 <7650원 봉투> 나눔

함께하는 사람들

강서아이쿱생협 | 강서양천민중의집 사람과공간
녹색당 강서양천지역모임 | 어린이책시민연대 강서지회
평등교육실현을위한강서양천학부모회 | 크레파스원정대
전교조공립중등강서지회 | 전교조사립강서남부지회
전교조초등강서지회 | 전국보건의료노조 이화의료원 지부
노동당 강서양천지역모임

* 주차사정이 여의치않으니 대중교통 이용을 부탁드립니다.

세월호 유가족과
밀양 할매들도 만났다.

강서-양천 주민과 함께하는

팽목항으로 가는 버스

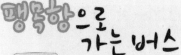

'2월 28일 토요일' 출발합니다.

우리사회를 슬픔과 분노와 반성으로 가득채웠던
세월호 참사의 1주기가 다가오고 있습니다.
'온전한 세월호 인양과 실종자 수습 및 철저한 진상규명'을 촉구하며,
강서양천 주민들이 팽목항으로 향합니다.

자세한 내용

○ 대상 : 강서양천 지역주민 누구나
○ 내용 : 세월호 참사현장 진도 팽목항 방문 및 유가족 간담회
○ 일시 : 2015년 2월 28일(토) 08:00 -22:00
○ 출발장소 : 5호선 발산역(오전 8시 출발)
○ 교통편 : 45인승 전세버스
○ 참가비 : 25,000원 *식비 개별부담
○ 신청 :
-2월25일(수)까지 참가비를 납부하고,
인적사항(여행자보험 가입용)을 이메일로 통보한 경우에 한함.
-참가자는 선착순 40명(한 단체의 참여 인원은 4인까지)
○ 참가비 및 후원계좌 :
농협 301-0158-7326-01 (강서양천민중의집 사람과공간)
○ 이메일 : peoplenspace@hanmail.net
○ 문의 : 070-8277-7701
○ 주최 : 강서양천민중의집 사람과공간

강서양천민중의집 사람과공간

《조선왕조실록》을 주제로 강연을 해달라는 초청에 기꺼이 응했고, 강연을 한 뒤에도 사람과공간에 작품을 기증하는 등 여러 가지로 큰 도움을 줬다.

세월호 유가족과 밀양 할머니들을 초청한 간담회도 열었다. 후속 사업으로 2015년 2월에는 지역 활동가들을 모아 세월호 참사 현장과 팽목항을 직접 찾아가 유가족을 만나서 아픔을 함께 나누는 시간을 마련하기도 했다.

사람과공간은 도서관 기능도 하고 있다. 자치구에서 작은도서관(생각빚는 작은도서관) 인증도 받았지만, 아쉽게도 도서관 구실을 제대로 못하고 있다. 도서 목록 데이터베이스를 구축만 해놓고 전담자가 없어 운영이 안 된다. 공간 공유자인 레디앙은 많은 책을 기부했다. 출판사에서 보낸 신간을 대부분 사람과공간에 준 덕에 절반이 넘는 책이 신간이다.

대박 난 후원 주점

가장 획기적인 공간 사용법은 후원 주점이다. 2015년부터 2018년까지 4년 동안 진행한 후원 주점의 가장 큰 목적은 재정 확보다. 수익은 늘리고 비용은 줄여야 했다. 비용을 줄이려면 일단 장소 임대료를 절약해야 한다. 대개 후원 주점을 하려면 조리 시설이 필요하기 때문에 호프집이나 카페를 빌린다. 장소 임대료는 적게는 100만 원부터

2016년에 연 후원 주점도 대성황이었다.

200~300만 원까지 천차만별이었다. 그렇지만 사람과공간은 70평이나 된다. 웬만한 호프집보다 크다. 탁자와 의자가 넉넉한데다가 조금 부족하지만 조리 시설도 갖추고 있으니 후원 주점을 열기에는 금상첨화다. 되도록 많은 사람이 앉을 수 있게 좌석을 배치해보니 좌식 방까지 포함해서 모두 120여 개가 됐다. 동시에 120명을 수용할 수 있는 셈이었다. 그런데도 네 차례 후원 주점을 해보니 사람들이 가장 많이 몰리는 오후 7~8시 무렵에는 앉을 자리가 부족한 사태가 벌어지기도 했다.

해마다 후원 주점을 열면서 예상 밖의 효과도 얻었다. 평소에 만나기 어려운 공간 이용자들이 후원 주점 자리에서 만나 서로 안면을 익혔다. 사람과공간이라는 곳이 있다는 소문만 듣던 사람들도 후원 주점 덕에 직접 우리 공간에 들러서 그 공간과 거기 깃든 사람들을 만날 수 있었다.

사람과공간이 지닌 장점

2008년 마포 민중의집이 처음 문을 열 때만 해도 공간 자체가 지니는 의미가 컸다. 2011년 보궐 선거로 박원순 서울시장이 당선한 뒤에는 상황이 바뀌었다. 서울시 차원에서 마을 공동체를 양성하기 위해 공동체 공간을 지원하고 다양한 복합 문화 공간을 확대했다. 서울시 산하의 공공건물을 개방하기 시작하면서 시설과 장비 면에서 비교할 수 없는 공간이 곳곳에 들어섰다. 민중의집들은 위기에 직면했다.

우리 공간은 야간과 주말에 이용하기 좋다. 안면을 튼 이용자에게는 비밀번호를 아예 공개한다. 자율 관리 방식을 도입한 셈이다. 야간이나 주말에 관리 인력을 두기 어려운 탓이기도 하지만 말이다. 또한 조리 시설을 갖춘데다가 밥과 술을 마음대로 먹을 수 있다. 공공건물은 이런 조건을 충족하기가 쉽지 않다. 노동조합들은 공공건물을 이용하는 일이 익숙하지 않다. 탄압받던 지난날에서 아직 자유롭지 못한 탓이다. 노조, 특히 비정규 노조는 우리 공간을 선호한다.

사람과공간은 지역 거점의 구실을 톡톡히 하고 있다. 자기 공간이 없는 비정규직 노동자들이 공간을 이용한다. 노동조합과 마을 공동체가 여기에서 조우한다. 자치구에서 주관하는 마을 공동체 활동도 흔하게 벌어진다. 공간 공유와 다양한 시도를 바탕으로 공간이 사용되는 방식을 보여주고, 보게 된다. 공간은 그렇게 새로운 것을 하나씩 담아간다. 지역 활동을 통해 '공간이 권력'이라는 말의 의미를 경험하게 된다.

6
접속 1
노동조합과 마을을 잇는
나눔연대 사업

다른 민중의 집이나 지역 노동 단체에 견줘 사람과공간이 지닌 특징의 하나가 '나눔연대 사업'이다. 비슷한 사업을 하는 단체가 몇몇 있지만 사람과공간에서는 상대적으로 큰 비중을 차지한다. 노동조합과 마을을 '접속'하는 매개 구실을 하기 때문이다. 사람과공간이 수행하는 나눔연대 사업은 크게 둘로 나뉜다. 직접 주관하는 '김장 나눔 행사', 그리고 '강서양천행복나눔사업단'에서 진행하는 사업이다.

대표 사업, 김장 나눔 행사

사람과공간을 만들기 위한 이벤트로 기획된 김장 나눔은 이제 사람과공간의 대표 사업이 됐다고 해도 지나치지 않다. 2013년에 민중의 집을 준비하면서 지역 단체와 활동가를 대상으로 설명회를 하는데

왠지 반응이 좀 썰렁했다. 웬 '듣보잡'이 나타나 노동 중심의 지역 공간을 만들겠다고 설치니 생뚱맞게 보였다. 노동조합 활동을 부정적으로 바라보는 시각도 문제였다. 필요할 때는 연대를 요청하다가도 사태가 해결되면 언제 그랬냐는 듯 교류가 끊기는 경험이 반복되면서 노조를 못마땅하게 여기는 경향이 있었다.

뭔가 돌파구를 찾아야 한다고 고민하다가 가장 대중적으로 진행할 수 있는 김장 나눔 행사를 선택했다. 평소에 사업 기획과 집행에 나름 일가견이 있다고 자부한 만큼 행사 기획은 그리 어렵지 않았다. 다만 그런 행사를 직접 진행한 경험은 없기 때문에 다른 사례를 참조할 필요가 있었다. 다행히 사람과공간보다 1년쯤 먼저 만들어진 인천서구 민중의집이 김장 나눔 행사를 진행한 적이 있었다. 그곳에서 활동하던 조병하(요즘은 우리동네목공방협동조합을 만들어 목수 노릇을 한다)와 이애향 공동대표에게서 관련 자료를 받고 많은 도움을 얻었다.

인천서구 민중의집의 김장 나눔 행사는 공정이 그야말로 어마무시했다. 회원들이 텃밭에서 기른 배추를 직접 거둬 다듬고 가장 힘들다는 절임 공정까지 밤을 새워가며 직접 해내고 있었다. 자그마치 700포기나! 말 그대로 1박 2일 김장을 하고 있었다. 놀랍기는 하지만 똑같은 방식으로 진행할 엄두가 나지 않았다.

요즘에는 많이 간소해졌지만 예전에는 다들 어마어마한 김장을 했다. 먹을거리가 많지 않던 지난 시절에 우리 어머니들은 겨울이 오면 배추 수백 포기를 절여야 했다. 밤을 새워 소금에 절인 배추를 뒤

인천서구 민중의집이 2018년에 연 김장 나눔 행사.

집고 양념에 쓸 채소를 다듬어 온 가족이 먹을 겨울철 반찬거리를 장만했다. 중고등학교 시절 자다가 일어나서 차디찬 소금물에 절인 배추 수백 포기를 뒤집던 기억이 지금도 생생하다.

사람과공간은 인천서구 민중의집처럼 텃밭도 없고 배추를 절일 곳도 마땅치 않아서 절임 배추를 사기로 했다. 문제는 양념 만들기였다. 김치 공장에서 만들어 파는 양념을 사서 쓰면 김장 행사도 그리 어렵지는 않다. 요즘 대규모 김장 행사를 하는 곳은 대부분 절임 배추와 양념을 사서 진행한다. 강서농수산물도매시장에서 일하는 후배에게 부탁해 시장 안에서 진행되는 김장 행사를 참관할 때도 절임 배추와 공장 양념을 확인할 수 있었다. 그렇지만 신뢰성 문제도 있고 여러 가지 의견이 나오면서 양념만큼은 원재료를 사서 직접 만들기로 결정했다. 그러다 보니 우리도 어쩔 수 없이 이틀에 걸쳐 행사를 진행할 수밖에 없는 상황이었다. 전날 양념을 만들어놓고 다음날 절임 배추에 양념을 버무리기로 했다.

방향이 정해진 뒤 처음 부딪친 문제는 재정과 행사 장소였다. 물량은 1200포기로 정하고 예산을 뽑았다. 절임 배추와 고춧가루 구입비가 가장 컸다. 절임 배추는 보통 일반 배추의 3배 넘게 비쌌고, 국산 태양초 고춧가루도 비싸서 전체 소요 비용이 1000만 원이나 됐다. 재정은 노동조합의 후원을 받아 해결하기로 하고, 그동안 알고 지낸 인맥을 총동원해 협조를 구했다. 공공연맹에서 활동한 경력이 많은 도움이 됐다. 특히 한국산업기술시험원노조 최종두 위원장의 재정과 인력 지원 약속은 큰 힘이 됐다.

노조는 내부 논의 절차가 복잡해서 결정이 될 때까지는 적지 않은 시간이 필요하다. 큰 노조일수록 그 과정이 복잡하다. 원래 계획된 사업이 아니라서 지원을 받기가 쉽지 않았다. 오랫동안 알고 지낸 김영준 선배에게 후원을 요청했다. 김 선배는 가락동에 자리한 서울시농수산물도매시장공사(지금은 서울시농수산식품공사)에서 노조 활동을 하다가 지금은 한살림 등 생활협동조합에 수산물을 납품하는 개인 사업을 한다. 내가 1995년 10월부터 1997년 2월까지 농수산물유통연구소에서 사무국장을 맡아 활동할 때 부소장을 맡아 주신 분이기도 하다. 농수산물 시장과 유통 영역에서 넓은 인맥을 자랑하

2013년 첫 김장 나눔 행사 현수막(위)과 든든한 후원자 김영준 선배(아래).

는 김 선배는 절임 배추 300상자(상자당 10킬로그램, 300만 원 정도)를 지원해달라는 요구를 흔쾌히 들어줬다. 노동조합 활동을 함께한 동지이기도 한 김 선배에게는 번번이 신세를 지고 산다. 평생을 두고 갚아야 하는 인생의 빚이다.

절임 배추를 확보하고 나니 나머지 비용을 마련하는 데 여유가 생겼다. 다음 과제는 행사를 진행할 공간을 확보하는 일이었다. 이틀간 행사를 진행할 공간은 물을 쓸 수 있어야 하고 식당도 필요했다. 우리가 선택한 장소는 집단에너지 열병합발전소가 있는 서울에너지공사(그때는 SH공사 집단에너지사업단)였다.

서울에너지공사는 두 가지 조건을 모두 갖추고 있을 뿐 아니라 도로에도 가까워 홍보 효과도 기대할 수 있었다. 게다가 조창우 회원이 노조위원장이었다. 개인적 친분에 더해 지역 사업을 하려는 의지도 커서 쉽게 협조를 얻을 수 있었다. 조창우 위원장은 공사를 설득해서 장소 제공뿐 아니라 전폭 지원을 약속했다. 사실 조창우 위원장을 비롯한 노조, 그리고 공사의 지원과 협조가 아니었으면 행사를 제대로 치를 수 없었을지도 모른다. 집행부가 바뀐 뒤에도 서울에너지공사 박형식 노조위원장과 박진섭 서울에너지공사 사장은 김장 나눔 행사를 계속 지원한다. 다시 한 번 감사의 마음을 전하고 싶다. 서울에너지공사 노사는 서울시 산하 공기업으로서 지역 사회를 위해 큰 공헌을 하고 있다.

사람과공간이 진행하는 김장 나눔 행사는 다른 곳들하고 조금 다르다. 김장 나눔은 시혜를 베푸는 행사나 기업 홍보의 수단으로 활용되는 사례가 많다. 그런 관행을 벗어나 좀더 의미 있는 행사로 치르고 싶었다. 먼저 노조들이 직접 참여하는 지역 사업이 되게 해야 한다고 생각했다. 그래서 '노동조합과 마을의 협동과 연대'라는 슬로건을 정했다. 노조가 김장 나눔 행사에 필요한 재원을 댈 뿐 아니라 행사에도 직접 참여하게 이끌었다. 제1회 김장 나눔 행사에 참여한 사람이 130명 정도인데, 그중 100여 명이 노조 조합원이었다. 제6회까지 진행된 행사에서 노조 조합원이 늘 참여 인원의 50퍼센트 이상을 차지했다. 노조는 마을을 만났다. 시간이 흐르면서 만남은 확장돼 단단한 연대를 구축하는 계기가 되고 있다.

다음으로 나눔의 대상, 곧 김장 김치를 나누는 곳을 개인이 아니라 단체로 정했다. 인천서구 민중의집은 주변에서 추천을 받아 주민에게 직접 전달하지만 사람과공간은 개인보다는 단체를 선택했다. 둘 다 장단점이 있겠지만, 단발성 사업으로 끝나지 않고 관계를 형성해 계속 유지하는 데는 개인보다는 조직이나 단체가 알맞다고 생각했다. 그래서 취약 계층 아동의 방과 후 생활을 책임지는 지역아동센터를 떠올렸고, 강서와 양천에서 각각 지역아동센터 10여 곳의 신청을 받았다. 아울러 가정 폭력 피해자 쉼터, 청소년 쉼터, 장애인 시설 등이 선정됐다. 노조가 참여하는 사업이라는 점에서 고공 농성 등 장기 투쟁을 하는 사업장에도 김치를 보냈다. 또한 2015년부터 3년 동안은 세월호 유가족하고도 함께 나눴다.

셋째, 나눔 대상에게도 참가 조건을 제시했다. 조건은 참가비 5만 원 납부, 김장 행사에 1인 이상 참여하기, 차로 직접 실어가기였다. 김장 나눔 행사가 일방적인 시혜와 전달이 아니라 연대 차원에서 진행된다는 의미를 담고 싶었다. 이런 조건을 처음부터 관철하지는 못했지만 2회째부터는 예외 없이 적용한다. 김장에 직접 참여하면서 배추와 양념 재료의 품질을 확인할 수 있으며, 김치 만드는 과정을 지켜보면서 신뢰도 쌓인다. 이런 결과 행사를 할 때마다 물량이나 참여인원이 늘어나고 비용도 많이 들었다.

아쉬운 점도 있었다. 나눔 대상 단위들을 모아서 사전 논의와 사후 평가를 하고 싶었지만, 사람과공간의 상근 인력도 부족하고 해서 진행하지 못했다. 다행히 2016년에는 사후 평가 모니터링을 실시했고, 5회부터는 사전 논의를 행사 참여 조건으로 내걸어 의견 수렴은 물론 관계 확장에도 한발 더 다가갈 수 있었다.

김장 나눔은 당일보다 행사 전날에 할 일이 더 많다. 갖가지 채소를 씻고 다듬고 자른 뒤 큰 비닐봉지에 일일이 나눠 담는 일이 배추 버무리기보다 훨씬 힘들다. 행사 당일에는 아무래도 사람이 많지만 전날 준비 작업에는 일손이 모자라기 마련이다. 이런 작업에는 서울에너지공사 노조와 직원들이 큰 구실을 한다. 특히 강유정 영양사의 존재는 절대적이다. 강 영양사가 진두지휘해 이틀 동안 준비 작업이 진행되기 때문이다. 서울에너지공사 근처 이화의료원의 노동조합 집행부는 당일은 물론 전날 준비 작업에도 적지 않은 도움을 주고 있다. 참으로 감사한 분들이다.

행사 당일에는 정신이 하나도 없다. 이것저것 챙기다 보면 하루가 금세 지나간다. 2017년 김장 나눔 행사 때 만보기로 재보니 하루에 2만 보를 넘게 걸었다. 참가자들을 위해 드럼통에 장작불을 피우면서 행사가 시작된다. 아무래도 겨울이다 보니 아침에는 꽤 춥다. 곧바로 간식용 어묵을 데우고 따뜻한 차를 마실 수 있게 물을 끓인다. 건물 앞마당으로 탁자를 옮기고 비닐을 씌워 김장 양념이 묻지 않게 준비한다. 여러 장비도 탁자 주변으로 옮긴다. 절임 배추 물빼기 작업을 시작한다. 전날 저녁 또는 당일 오전 8시 무렵에 받은 절임

2015년, 강서양천 김장 나눔 단체 사진(위)과 포장한 김치 상자가 쌓여 있는 모습(아래).

배추 상자를 열어 비닐봉지에 담긴 절임 배추를 꺼낸 뒤 채반에 올려 놓는다. 행사 참가자들이 모이면 간단한 기념식을 하고 10시부터 본격적인 김장 나눔 행사를 시작한다.

　한쪽에서는 채소와 양념을 섞어서 김치 속을 만들고, 한쪽에서

노동조합과 마을의 협동과 연대, 제6회(2018) 강서양천 김장나눔

□ 일시 : 2018년 12월 1일(토) 09:30-13:00
□ 장소 : 서울에너지공사 주차장
□ 주최 : 2018 강서양천 김장나눔행사 조직위원회
□ 주관 : 강서양천민중의집 사람과공간상임대표 한정희)

< 2018 강서양천 김장나눔행사 조직위원회 >
・서울시투자기관노조협의회(서울메트로노조. 서울시설관리공단노조. 서울시농수산식품공사노조. SH서울주택도시공사노조. 서울의료원노조. 서울에너지공사노조. 서울시립교향악단노조. 서울신용보증재단노조. 서울산업진흥원노조. 서울관광마케팅노조. 서울디자인재단노조. 서울시복지재단노조. 서울시립대학이단노조. 서울시인재개발원노조. 서울시여성능력개발원노조. 서울시여성가족재단노조)・공공운수노조. 공공운수 서울지역본부・남서지구협의회・복지지구협의회 / 민주노총 서울지역본부 강서구지부・양천구지부・동작구지부 / 전국철도지하철노조협의회

・서울에너지공사노조. 전력공기업노조 이화의료원지부. 전국교육원노조 서울대부속병원지부・초등강서지회. 전국공무원노조 강서지부・양천지부. 금속노조 성원정자서비스지회영창전환희. 희망연대노조 SK브로드밴드지부. 연돈노조 협회쇼핑지부. 민주어상노조 경향철도지부 / 공공운수노조 한국기스용지부 서울지회. 한국가스기술공사지부 서울지회. 한국가스공사지부 서울지회. 중소기업유통센터지부. 우체국물류지원단지부. 서울9호선운영노조. 서울지하철지부 서울지회. 한국가스공사노조 신경강남지회. 신경유수지회. 신경승무지회. 한국선업기술시험연구원노조. 한국기계연업진흥원노조. 대한항공조종사노조. 중소기업융합노조. 한국경영노조. 서울교통공사노조 서울지부

・강서양천민중의집 사람과공간. 서울강서양천여성의전화. 강서아이쿱. 한국여성경제제씨앗재단(쉼재). 은행정 체미영. 양천마을(사). 정의 및 양천지여사・강서지여사계 청년모임. 공공교통네트워크(순)

□ 후원
・개인후원 : 임문희. 문아진. 이소영. 임해숙. 송문이. 윤석지. 이영주. 박소욱. 미천엔등산
・현물후원 : 서울시농수산식품공사노조. 김송희(진피앤씨). 박병철(콩소금 빛소금). 강석택(손봉춘 신인개발천일염)
・기술후원 : 서울에너지공사. 서울도시가스(주). 중소기업유통센터

< 강서양천민중의집 사람과공간을 소개합니다 >
・'사람과공간'은 건강하고 진보적인 지역사회를 만들기 위해 지역주민을 물론 지역내 노동조합. 시민사회단체. 협동조합. 주민단체 그리고 진보정
당 등이 함께 어우러져 협동하고 연대하면서 교육과 문화. 나눔과 여가를 함께하는 곳입니다. 여러분의 참여와 후원을 기다립니다.
・후원계좌 : (수)007570, 서울시 강서구 공항대로 481 / 전화 : 070-8277-7701,7703 / 팩스 : 02-6442-7809
・전자우편 : peoplenspace@hanmail.net, 홈페이지 : www.peoplehouse.or.kr

2018년 김장 나눔 박스에 붙인 스티커.

는 물 빠진 배추를 탁자로 옮긴다. 절임 배추를 꺼낸 빈 상자는 포장 대로 옮겨서 행사 참여 단체를 표기한 스티커를 붙인다. 식당에서는 김장 나눔 행사의 하이라이트인 보쌈용 수육과 점심을 준비한다. 사람과공간의 남덕현 부대표가 여기에서 큰 구실을 한다. 1년에 한 번 치르는 후원 주점과 김장 나눔 행사에서 주방장을 맡아 오랜 독일 유학 생활에서 터득한 음식 솜씨를 아낌없이 발휘한다.

김치 속이 다 되면 참가자들은 탁자에서 김치를 버무리기 시작하고, 버무린 배추를 포장용 탁자로 옮겨 상자에 담는다. 탁자마다 올바르게 김장하는 법을 둘러싸고 갑론을박이 벌어지고 웃음소리와 정겨운 수다가 광장을 가득 메운다. 막걸리가 돌고 수육과 생굴이 나오면 버무린 배추에 보쌈을 싸 먹느라 난리 법석이 된다. 그러다 보면 어느덧 행사가 끝난다. 참가자들은 포장된 김장 상자 앞에서 기념 촬영을 하고 돌아가지만 준비팀과 서울에너지공사 직원들은 남아 한두 시간 청소를 한다. 청소를 하는 동안 나눔 단체들은 차례대로 김치 상자를 차에 싣고 서둘러 보금자리로 돌아간다.

2018년 김장 나눔 행사는 조금 다른 방식을 시도했다. 미리 김치 속을 만들기 어려워져 양념을 사서 쓰기로 결정했다. 그렇다고 일반 공장에서 만든 속을 쓰자니 왠지 걱정스러웠다. 여기저기 수소문하다가 강원도 홍천에서 일하는 두레생협 생산자들하고 연결됐다. 관계자를 만나러 홍천에 갔는데, 예전에 활동하면서 인연을 맺은 사람들이 있었다. 인연과 신뢰를 바탕으로 배추와 양념 가격을 협상한 뒤기분 좋게 돌아왔다. 행사 전날 받은 재료도 매우 훌륭했다. 관계가 일을 쉽게 해결해준 셈이다. 지역 사업을 하면서 과거에 맺은 인연 덕에 여러 차례 큰 도움을 받았다. 그래서 이렇게 떠들고 다닌다.

"평소에 착하게 살아야 한다."

특별한 손님들

2017년 제5회 김장 나눔 행사에는 특별한 손님들이 왔다. 강서구 끝자락에 자리한 9호선 운영노조 조합원들이 파업 중인데도 와줬다. 처음에는 150명 정도가 참여하고 싶다고 해서 완곡히 거절했다. 참가자가 너무 많으면 뒷감당이 어렵기 때문이다. 간식과 식사를 준비하는 데도 문제가 생긴다. 민간 자본으로 운영되는 9호선을 공영화하고 시민 안전 대책을 마련하라는 요구를 내세우면서 시한부 파업에 돌입한 9호선 운영노조는 결국 참가자 수를 줄여 행사에 참여했고, 행사 도중에 잠깐 시간을 내 파업 취지를 설명해서 참가자들의 큰 호응을 받았다.

2018년 제6회 김장 나눔 행사에도 특별한 손님들이 왔다. 20~30대로 구성된 '미친앤등산'이라는 등산 모임이 자원봉사를 신청했다. 해마다 한두 번씩 자원봉사를 하는 이 모임 회원 30여 명이 소문을 듣고 찾아와 행사를 함께 진행했다.

김장에 관련해 고마움을 전해야 할 특별한 친구가 둘 있다. 한 친구는 대학교에서 함께 학생운동을 한 김승회다. 지금은 경기도 안

옥상에서 찍은 2017년 김장 나눔(위). 2018년 제6회 강서양천 김장 나눔(아래).

산 시화공단에서 조그만 박스 공장을 운영하는데, 김장 나눔 행사를
할 때마다 상자를 만들어 지원해준다. 또한 사람과공간이 재정난에
부딪칠 때마다 지원을 아끼지 않았다. 그런데도 자기를 드러내지 않

고 조용히 돕는 친구다. 다른 친구는 대학교 같은 과 동기 강성혁이다. 기능성 소금을 만들어 파는 부업을 하는데, 해마다 김장 나눔 행사에 소금을 지원한다. 전화로 소금 40킬로그램이 필요하다고 했는데 잘못 알아듣고 20킬로그램짜리 소금 40포대를 보내줬다. 어떻게 할까 고민하다가 필요한 물량만 쓰고 나머지는 행사 현장에서 싼값에 팔아 수익에 보탰다. 보이지 않는 곳에서 도움을 주는 이들 덕에 김장 나눔 행사가 해마다 아무 탈없이 진행된다.

김장 나눔은 사람과공간을 대표하고 노동조합과 지역 시민사회가 함께하는 행사로 자리잡았다. 행사가 거듭되면서 끈끈한 관계가 형성되고, 협동의 힘을 확인하고, 노조가 지역 사회에서 해야 할 구실이 무엇인지를 새롭게 인식하게 됐다. 사람과공간을 이용하거나 사업을 함께하는 곳들이 자연스럽게 김장 나눔에 결합하면서 참여 단체가 점점 폭넓어졌다. 2018년에는 행사 참여자가 200여 명에 이르렀다. 사람이 너무 많아 행사를 진행하는 데 어려움을 느낄 정도였다. 김장 나눔 행사를 기획하고 집행하면서 사람과공간의 위상도 높아졌다. 행사가 중단되면 지역아동센터를 비롯한 나눔 단체들은 적지 않은 곤란을 겪을지도 모른다. 그런 사실을 알고 있기 때문에 해가 갈수록 소중한 마음들이 더 많이 모이고 있는지도 모르겠다.

7
접속 2
마을과 노동조합을 잇는
나눔연대 사업

노동조합과 마을을 '접속'하는 매개 구실을 하는 나눔연대 사업의
또 다른 한 축은 강서양천행복나눔사업단이다. 사업단이 내딛은 야
심 찬 행보는 취약 계층 건강 검진 지원 사업, 주거 환경 개선 사업,
'찾아가는 그림책 약방' 프로그램, 위기 아동 발굴과 지원 사업으로
뻗어 나갔다.

강서양천행복나눔사업단

강서양천행복나눔사업단은 주로 인터넷 설치와 유선방송에서 일하
는 노동자들로 구성된 희망연대노조의 제안과 재정 지원으로 만들
어졌다. 첫 사업은 지역 자원을 활용한 '취약 계층 건강 검진 지원 사
업'이었다. 서울강서양천여성의전화와 강서지역자활센터, 이화의료

원노조, 이화의료원 직업의학과 김현주 교수가 참여했다. 사업단 참가 단위가 모여 사업 진행 방식을 논의했다. 자활센터에서 관리하는 기초 생활 수급자를 대상으로 해서 국민건강보험공단 건강 검진에 추가 검진을 더한 건강 검진과 치과 치료를 진행하기로 했다. 치과 치료는 비용 때문에 치과 병원이 있는 서울의료생협의 협조를 받기로 했다.

임대 아파트가 많은 강서구의 특징을 고려해 등촌 주공2단지 어르신들을 대상으로 하는 건강 진단 지원을 둘째 사업으로 선정했다. 건강 진단은 이화의료원이 서울시에서 위탁받아 운영하던 서남병원에서 진행하기로 했다. 셋째로 선정된 사업은 의료 사각지대에 놓인 이주 노동자 건강 검진 사업이었다. 또한 검진 사업에 병행해서 서울강서양천여성의전화가 강서자활센터 기초 생활 수급자, 등촌 주공2단지 어르신, 강서자활센터에서 운영하는 지역아동센터 어린이들을 대상으로 가정 폭력 예방 교육을 실시했다.

2년째인 2015년에는 '주거 환경 개선 사업 ─ 집수리'를 주요 사업으로 선정했다. 이 사업은 2018년까지 4년 동안 진행됐다. 추천 가정을 대상으로 주거 실태를 확인한 뒤 벽지와 장판을 교체하고 전기 설비와 배수 시설 등을 고치는 사업이었다. 건강 검진 지원 사업은 대상자 만족도가 높지만 특성상 전문가가 아닌 조합원들이 참여하기 어려웠다. 반면 집수리 사업은 마음만 있으면 누구든 함께할 수 있었다. 주로 강서자활센터와 서울강서양천여성의전화가 추천한 가정에 들러 집수리 가능성을 판단한 뒤 사업단 회의에서 대상자를 선

이주 노동자 건강 검진 프로그램.

정했다. 2015년부터 2018년까지 12가구가 집수리 혜택을 받았다. 해마다 평균 4~5가구 수준이다.

집수리팀을 이끄는 사람은 도배 기능 보유자인 이화의료원노조 허성무 노동안전부장이다. 그러다 보니 이화의료원노조 간부들이 많이 참여했다. 희망연대노조의 SK브로드밴드 비정규직지부와 티브로드 비정규직지부 간부들도 매번 큰 도움을 주고 있다. 이렇듯 주거 환경 개선 사업에는 조합원뿐 아니라 지역 시민단체나 마을 활동가까지 다양한 사람들이 참여하고 있다.

집수리는 팀장이 추천 가정을 사전 방문하면서 시작된다. 이어서 서울강서양천여성의전화 활동가가 상담을 한다. 상담을 거쳐 추천 가정의 현황을 진단하고 요구 사항을 들은 뒤 집수리가 끝나면 다시

집수리팀장 허성무 이화의료원지부 노동안전부장과 노조 활동가들.

집수리 끝내고 다 같이 찰칵.

서울강서양천여성의전화 활동가가 사후 상담을 진행한다. 집수리 대상 가정은 대개 경제적 어려움을 겪는 편인데, 여러 가지 문제가 얽힌 사례도 많다. 물질적 지원뿐 아니라 심리적 지원을 같이 진행해 대상 가정이 좀더 행복해지게 하는 데 초점을 뒀다. 아동이나 청소년 자녀가 있는 집은 놀이공원이나 영화 관람 등 가족이 함께 여가를 즐길 수 있게 지원하고, 여기에 더해 상담이나 치료 등 다른 지원이 필요할 때는 알맞은 조치를 취했다.

집수리에서는 가구를 집안에 그대로 둔 상태에서 도배 작업과 장판 교체 작업을 해야 하는 점이 가장 어려웠다. 대개 취약 계층이라 주거 공간이 좁은 탓에 그런 상태에서 작업하기가 쉽지 않았다. 독거노인, 한부모 가정, 장애인 등이 주요 대상자이다 보니 살림살이를 자원봉사자들이 옮겨야 했다. 도배는 어느 정도 전문성이 필요한데 팀장 말고는 전문가가 없어서 시간을 많이 잡아먹었다.

힘든 작업이지만 집수리가 끝나면 참가자들 모두 뿌듯해진다. 벽지와 장판, 엘이디 전등 등을 바꿔 새집처럼 되면 사는 사람이나 자원봉사자나 기쁜 마음을 감출 수 없다. 2015년에 집수리를 받은 한 집에서는 고등학생 아들이 처음으로 친구를 집에 데려왔다며 부모가 몹시 기뻐했다. 큰 보람을 느꼈다.

반면 반지하에 사는 어느 한부모 가정은 사정이 매우 딱했다. 중학생과 초등학생 딸, 심리적 어려움을 겪고 있는 어머니가 사는 집이었다. 집 안에 쓰레기가 차고 넘쳤다. 두 딸과 엄마에게 놀이공원 자유이용권을 마련해 내보내고 쓰레기를 치우기 시작했다. 조금 과장

지역아동센터에 가고(왼쪽), 경로당에 간(오른쪽) 찾아가는 그림책 약방.

하면 엄지손가락 만한 바퀴벌레를 수백 마리 잡았다. 살충제를 여러 개 사서 뿌리자 여기저기 숨어 있던 바퀴벌레들이 기어 나오고 몇몇 자원봉사자는 비명을 질렀다.

집수리를 진행할 때마다 대상 가정의 요구를 최대한 반영하려 노력하지만, 가끔 곤란한 상황에 부딪힌다. 한번은 거주자가 벽지와 장판 색깔이 잘못됐다고 불만을 터트렸다. 우리는 전문 사업자가 아니고 자원봉사자이다 보니 정확한 색을 맞추지 못했다며 양해를 구했다. 그래도 계속 불만을 토로하는 바람에 자원봉사자들이 마음의 상처를 입기도 했다.

2017년부터는 취약 계층 어린이가 다니는 지역아동센터와 취약 계층 경로당에서 그림책을 읽고 이야기를 나누는 '찾아가는 그림책 약방' 프로그램을 진행했다. 프로그램은 그림책을 매개로 마을 활동을 하는 빵과그림책협동조합이 맡았는데, 단체 이름은 켄 로치가 감독한 영화 〈빵과 장미〉(2000)에서 따왔다. 주 1회씩 지역아동센터와 경로당을 찾아 그림책을 읽고 그림을 그리고 이야기를 나누면서 치유와 상담을 했다. 이 프로그램도 수요자 만족도가 아주 높았다.

우리 사업단은 희망연대노조가 설립한 (사)희망씨의 제안을 받아 위기 아동 발굴과 지원으로 영역을 넓혔다. 지역아동센터 등에서 추천받아 위기 상태에 놓인 초중생을 지원하는 사업이다. 심리 상담 비용을 지원하는 사례가 많고, 각 학생의 특성에 맞춰 학원비 등을 지원하기도 한다.

접속의 뒷얘기

강서양천행복나눔사업단이 활동을 시작하는 과정에는 뒷얘기가 좀 있다. 사람과공간 개소식을 하고 얼마 지나지 않아 희망연대노조 이종탁 위원장이 찾아왔다. 얼마 전부터 병마에 맞서 힘겨운 싸움을 하고 있지만, 2014년에는 건강한 사람이었다. 원래 깡마른데다가 파업 투쟁을 계속하느라 지친 듯했지만 딱히 아파 보이지는 않았다. 이종탁 위원장은 희망연대노조가 전략적으로 추진하는 사회 공헌 사업에 관해 이야기했다. 이미 희망연대노조 C&M지부는 노사 합의로 사회 공헌 기금을 조성해 자치구 단위로 사회 공헌 사업을 진행하고 있었다. '티브로드협력사협의회'를 상대로 협상을 벌여 사회 공헌 기금을 또 만들어낸 희망연대노조는 티브로드 유선방송이 공급되던 강서 지역에서 사회 공헌 사업을 함께할 파트너를 찾고 있었다. 사업비를 지원할 테니 주요 사업 파트너가 돼달라는 제안이었다.

처음에는 제안을 거절했다. 이제 막 사람과공간의 문을 연 상황인 만큼 공간 운영에 우선 집중해야 했고, 나를 빼면 상근자도 사무국장 한 명뿐이기 때문이었다. 게다가 지역 내 네트워크도 제대로 구축되지 않은 상황에서 사회 공헌 사업을 진행하기는 무리라고 생각했다. 그렇지만 제안을 받아들일 수밖에 없었다. 사실 몇 달 전 사람과공간을 준비하면서 내가 먼저 이종탁 위원장을 찾아가 강서·양천 지역을 기반으로 민중의 집을 만들어 운영할 계획을 설명하고 여건이 되면 사회 공헌 사업을 진행할 수 있게 지원해달라고 요청한 적이 있었다. 그런데도 좋은 사업 제안을 일단 거절한 이유는 제대로 준비하지 못한 상태에서 너무 이른 시기에 기회가 찾아온 때문이었다.

일단 사업을 추진하기로 동의한 상황에서 가장 먼저 무슨 일을 할지, 그 일을 누구하고 할지를 판단해야 했다. 희망연대노조가 이미 사회 공헌 사업을 진행하고 있는 지역을 살펴본 뒤 강서·양천 지역에서 할 수 있는 사업이 뭘까 고민하다가 지역 자원을 활용하는 측면에서 건강 관련 사업을 선택했다. 우리 지역에는 이화의료원노조가 있었고, 이화의료원에는 오랫동안 직업 의학과 노동 안전 사업에 참여한 김현주 교수가 있었다. 그 뒤 사업은 앞에서 설명한 대로 집수리 사업을 비롯한 여러 분야로 확장됐다.

희망연대노조는 조합원의 다수가 비정규직 노동자인데도 지역사회 연대 노조를 표방하면서 지역 중심 활동, 특히 마을에 결합하는 사업을 열정적으로 펼치고 있다. 기성 노동조합하고는 다르게 사회 공헌 사업과 사회 연대에 관련한 조합원 교육을 지속적으로 실시할 뿐 아니라 지역 사업 관련 부서를 두고 사업을 집행한다. 나아가 (사) 희망씨를 만들어 중장기 전망 아래 사회 공헌 사업과 사회 연대를 실천한다. 특히 단체 교섭을 통해 회사가 사회 공헌 기금을 조성하도록 이끌어 사업에 필요한 재원을 마련하고 있다. 해마다 자기들이 지원한 사회 공헌 사업 실행 단체들을 모아 '사회공헌사업 보고대회'를 열어서 성과를 공유한다.

나눔은 노동조합과 마을을 결합하는 매개

'나눔 연대'라는 말이 있다. 나눔을 통해 연대한다는 뜻이다. 신자유주의 양극화와 극단적 경쟁 구조에서 약자들이 생존할 수 있는 유일한 방법은 연대다. 큰 그림을 그리고 사회를 근본적으로 변화시키는 투쟁도 당연히 필요하겠지만, 삶터와 일터를 중심으로 연대를 만들어내는 일도 결코 가벼운 투쟁은 아니다. 아래에서 시작하는 연대를 통해 지역 기반을 튼튼히 구축하고 그런 기반을 바탕으로 넓은 네트워크를 만들 때 근본적인 사회 변화의 가능성은 더욱 커질 수 있다.

　우리는 30여 년에 걸친 사회운동의 역사를 지나왔다. 그런 과정을 통해 뿌리 없는 운동과 취약한 토대가 유지되는 한 상부구조에서 변화가 일어나더라도 그런 변화는 오래가지 못한다는 사실을 절감했다. 지역 기반의 구축은 사회운동이 해결해야 할 매우 중요한 과제다. 문제는 그런 과제를 실현할 방법이다. 다양한 방식과 수단이 있을지도 모른다. 나는 지역 공헌과 나눔 연대가 노동조합과 마을을 결합하는 매우 강력한 수단이 될 수 있다고 생각한다. 이런 노력들을 통해서 근본적인 사회 변화에 필요한 지역 기반을 한걸음씩 만들어 나가야 한다.

8
참 어려운 일, 노조하고 연대하기

공공 부문 노동조합에서 20년 정도 활동했지만 막상 사람과공간을 시작하니 지역 차원에서 노조하고 연대하는 일이 참 어렵다는 사실을 절감했다. 따지고 보면 노조만 그렇지는 않다. 시민단체든 마을 공동체든 다 고유 사업이 있기 마련이고, 대부분 모자란 돈과 사람에 허덕이면서 겨우겨우 버틴다.

그런 와중에 연대를 하고 이런저런 사업을 같이 하기란 결코 쉬운 일은 아니다. 시민사회단체는 자원이 없기 때문에 품앗이 연대를 하는 경향이 많다. 반면 노조는 상대적으로 자원이 많다. 자기들은 잘 모르지만. 그래서 그런지 연대가 그다지 절실해 보이지 않을 때도 많다. 절박한 현안이 생기기 전까지는……

'노동 중심'이라는 말

사람과공간은 미조직 노동자들이 조직을 만들고 비정규직 노동자들의 조직이 안정적으로 자리잡을 수 있게 지원하는 사업을 중심에 두고 있다. 이미 활동 중인 노동조합이 마을 공동체하고 함께하고 지역에서 일할 수 있게 이끌어내는 사업도 주요한 영역으로 설정했다. 그렇지만 비정규직 노동자를 조직하는 일뿐 아니라 노조를 사업장 밖으로 이끌어내는 일도 결코 쉽지 않다. 의무감에서 한두 번 나오지만 지역 사업에 꾸준히 참여하는 사례는 별로 없다. 여러 가지 이유와 타당한 근거가 없지는 않지만, 노조는 사업장 안에서 벌어지는 헤게모니 투쟁에만 집중할 뿐 생활 세계에서 헤게모니를 확보할 필요성이나 방법에 관해서는 별로 고민하지 않는다.

지역 사업의 범위를 자치구로 설정한 이유는 현실적으로 풀뿌리 정치, 곧 지방자치단체를 기반으로 정치에 개입해야 하는데다가, 지역 현안을 해결하려면 지자체를 상대할 수밖에 없기 때문이다. 그렇지만 노동조합 조직은 아직까지 행정 구역을 기준으로 조직돼 있지 못하다. 광역 지자체 수준에서는 조직 체계가 갖춰져 있지만 기초 지자체 수준까지 구성되지는 않았다. 민주노총 서울본부 산하에는 6개 지구협의회가 있다. 4~5개 자치구를 묶어서 한 지구협의회가 관리한다. 이런 체계에서는 자치구별로 지역 사업을 펼치기 힘들다. 민주노총 서울본부가 이런 조직 체계를 유지하고 있는 이유는 부족한 인력과 재정 탓이 크다. 규약 규정에는 자치구마다 조직을 운영하게 돼 있지만 현실적으로 불가능하기 때문이다.

　조합원 직접 선거로 선출돼 2014년부터 3년 임기를 시작한 서형석 서울본부장은 자치구별로 조직을 재편하겠다는 원대한 계획을 내세웠고, 이 문제에 관련해 내게 도움을 요청했다. 서울지하철노조와 공공연맹에서 오랫동안 같이 활동한 만큼 거절하기 어려웠다. 서울본부의 조직 구조를 기초 지자체를 기준으로 개편해야 한다고 주장한 원죄가 있기 때문에 더더욱 그랬다.

　그렇지만 조직 구조를 개편하는 경로를 둘러싸고 의견 차이가 너무 컸다. 나는 자치구별로 조직을 재편하려는 방향에는 적극 동의하지만 현실을 고려하지 않을 수 없다고 봤다. 서울본부가 쓸 수 있는 자원이 부족하고 연대 경험도 없는 점을 들어서 단계적으로 재편하는 방식이 적절하다는 의견을 제시했지만 받아들여지지 않았다. 형식이 내용을 규정하기도 하지만, 조직은 형식적 틀에 가둔다고 해서 자동으로 발전하지 않는다. 서울본부 조직 구조 재편에 관련된 논의를 같이 시작했지만 경로 문제를 둘러싸고 이견이 너무 커지면서 더는 참여하기가 어려웠다. 서울본부는 자치구 지부 설치를 둘러싸고 많은 시간을 내홍에 시달렸고, 특히 자치구 지부를 안정적으로 운영할 재원을 마련하는 방안에 집착하면서 더 많은 갈등과 잡음에 휩싸이고 말았다.

　나는 사실 자치구 지부를 아래에서 시작해 조직하기 위해 이미 2015년 2월 4일에 강서·양천 지역 노동조합 대표자 간담회를 조직했다. 서로 안면을 트고 왕래를 하면서 친분을 쌓아가는 과정이 필요

2015년 민주노총 서울본부 강서구지부 출범식(위)과 양천구지부 출범식(아래).

하다고 생각했다. 노조들 사이에서 연대의 수준을 높이려면 반드시
시간의 축적을 거쳐야 한다. 간담회를 첫 출발로 삼아 자치구 수준의
연대체를 구성하려는 논의를 시작했다. 그렇지만 서울본부가 전면에
나서고 자치구 지부를 기초 지자체 단위로 하는 재편 작업을 시작하
면서 나는 자치구 연대체 조직화를 중단했다. 노조 책임자가 아니기

때문에 자칫 월권행위가 될 수 있었고, 본부가 직접 나서는 상황에서는 더더욱 그럴 수밖에 없었다.

형식적 틀을 짜놓고 강제한다고 해서 조직이 만들어지고 정상적으로 운영되기가 쉽지 않다는 사실이 증명되는 데는 많은 시간이 필요하지 않았다. 서울본부의 강서구자치구 지부장으로 선출된 전국공무원노조의 조헌식 강서구지부장이 의욕을 갖고 움직였지만 모이는 노조는 5~6개를 넘기 어려웠다. 양천구지부는 상황이 더 어려웠다. 그나마 정기 모임을 하는 자치구지부는 25개 자치구 중에서 몇 곳에 지나지 않았다.

나는 자치구 단위의 지부를 만드는 일에는 일정한 거리를 두고 비정규직 단위를 모으는 데 집중했다. '강서양천 비정규직노동자 연대모임'은 그렇게 만들어졌다. 사실 대부분의 정규직 노조는 절박한 현안이 생기지 않으면 지역 연대를 해야 할 필요성을 느끼지 못하는 경향이 있다. 그렇지만 자원도 크게 부족하고 늘 고용 불안에 시달리는 비정규직 노동자들은 지역 차원의 연대가 상대적으로 절실하다.

2014~2015년에 금속노조 삼성전자서비스 노동자들과 희망연대노조의 티브로드와 SK브로드밴드 비정규 노동자들이 장기 파업을 벌였다. 그때 사람과공간은 파업을 감행한 노조들의 강서·양천 분회와 지회를 초청해서 지역 차원의 연대 밥상을 마련했다. 그러다 보니 비정규직 노동자들하고 친해졌다. 이런 관계를 기반으로 강서·양천 지역의 비정규직 노조들을 모을 수 있었다.

연대모임은 분기별로 한 번씩 모여서 사업장 상황을 서로 알리

사람과공간에서 연 삼성전자서비스 양천분회 초청 연대 밥상.

희망연대노조 SK브로드밴드 비정규직 강서분회 초청 밥상 때는 풍선을 걸었다.

강서·양천 지역 노동조합 상견례.

고 밥과 술을 함께 나눴다. 회의는 되도록 하지 않았다. 회의를 하자
고 하면 아무도 안 모이지만 밥상 모임이라고 하면 대부분 온다. 대
표자만 오지 말고 반드시 간부들 3~4명이 같이 오게 했다. 혼자 오
면 낯설어하다가 다음에 안 오는 사례가 많기 때문이고, 대표자의 생
각에 따라 참여가 좌우되는 일도 많기 때문이다.

노조가 지역에서 할 수 있는 일

노동자들도 모두 지역 주민이다. 그렇지만 대부분의 노동자에게 지
역은 집이 있는 곳일 뿐이다. 지역 공동체가 해체된 상황에서 노동자
들이 주민으로서 정체성을 찾기도 쉽지 않다. 가끔 이런 질문을 한
다. 노동자들은 도대체 마을에서 뭘 할 수 있을까?

노동자 또는 노동조합이 존재를 증명할 수 있는 계기는 행사를
할 때다. 김장 나눔 행사와 후원 주점은 노동조합의 참여가 절대적인
구실을 한다. 재정은 물론이고 실무 지원과 행사 참여 등에서 인적
또는 물적 역량을 과시한다. 지역 단체 중에서 노동조합과 노동자가
조직적으로 참여하는 곳은 사람과공간이 거의 유일하다.

그렇지만 노동조합은 다른 때도 자기들의 빛나는 존재를 보여
준다. 5년 전 2014년 4월 16일에 일어난 세월호 참사는 모든 사람들
에게 슬픔과 분노, 자기 성찰의 계기가 됐다. 그래서 많은 사람이 세
월호 참사의 진실을 밝히는 일에 힘을 보태고 있다. '세기강양'이라

고 부르는 '세월호를 기억하는 강서양천 시민모임'은 평범한 사람들이 세월호 참사를 계기로 꾸린 모임으로, 지역에서 사회 참여 활동에 적극 나서고 있다. 세기강양은 매주 목요일마다 양천구에 있는 행복한세상 백화점 앞에서 캠페인을 진행한다. 4년 넘게 쉬지 않고 계속했다. 끈기와 진정성만은 어떤 시민단체도 따라올 수 없을 정도다. 그런 세기강양이 입에 침이 마르게 칭찬하는 곳이 행복한세상 백화점을 운영하고 있는 중소기업유통센터의 노조다. 매주 목요일마다 진행하는 캠페인에 쓰는 물품을 보관하고 대여해주기 때문이다. 매년 4월 16일 즈음에 양천 지역에서 열리는 추모 문화제에도 전기, 각종 장비, 집회용 깔개 등 지원을 아끼지 않는다. 강서구 화곡역에서 진행하는 추모 행사도 똑같이 도와주는 노조가 있다. 화곡역 주변에 사무실을 둔 희망연대노조 SK브로드밴드지부는 앰프와 조명 시설을 지원할 뿐 아니라 직접 설치도 하고 행사 진행까지 돕는다. 지역의 몇몇 노조는 행사에 필요한 비용을 지원한다. 노조에서는 별것 아닐지 모르지만 지역에서 활동하는 작은 시민단체들에게는 작지 않은 도움이 된다.

2017년부터 강서구에서 평화의 소녀상 건립 운동이 진행됐다. 여성 단체를 중심으로 진행됐지만 노동조합도 큰 몫을 했다. 아무래도 필요한 재원을 모으는 데 노동조합이 참여하면 큰 힘이 된다. 공무원노조는 물론 전교조, 9호선 운영노조, LG유플러스노조, 홈앤쇼핑노조 등이 참여했다. 나는 앞으로 지역에서 노조가 해야 할 구실과 기여가 점점 더 커지리라고 확신한다.

지역에서도 노동 쟁의가 가끔 일어난다. 대부분은 비정규직 사업장이다. 같은 비정규직 사업장이라고 해도 금속노조 삼성전자서비스지회나 희망연대노조의 투쟁은 지역에서 벌어지는 노동 쟁의가 아니다. 사업장이 전국에 걸쳐 있기 때문이다.

사람과공간이 문을 열고 지역에서 처음 마주한 노동 쟁의는 동신대아아파트 경비원 해고 관련 투쟁이었다. 아파트 단지 출입문을 자동화 설비로 바꾸면서 경비원 44명을 모두 해고한, 전례를 찾아보기 어려운 사건이었다. 주민들이 분명히 반대하는데도 의견을 충분히 모으지 않은 채 주민자치회장이 공사를 강행하면서 주민 사이에 분쟁까지 벌어졌다.

아파트 경비원을 조합원으로 두고 있는 서울일반노조와 민주노총 서울본부가 곧장 개입했고, 사람과공간을 비롯한 지역 시민단체들이 대책위원회를 꾸렸다. 전원 해고라는 전례 없는 사태에 언론도 관심을 보였다. 또한 주민들도 경비원들이 하는 농성에 함께 참여하고 대책도 같이 논의했다. 노동 권익 보호 활동에 참여하는 김승현 노무사가 그 아파트에 살아 다른 주민들을 설득하는 과정에서 큰 구실을 했다. 김 노무사는 지금 강서구 노동복지센터의 협력 노무사로 활동하고 있다.

그다음 노동 쟁의는 김포공항 청소 노동자들의 파업과 지회장의 단식 투쟁이었다. 한국공항공사에서 업무를 위탁받은 청소 용역 업체

동신대아아파트 경비원 전원 해고 규탄 대회 모습.

공항공사 비정규직 노동자 단식 농성에 연대 방문한 사람과공간.

9호선 청소 노동자 연대 집회에 함께한 사람과공간.

가 고용한 청소 노동자들이 저임금을 비롯한 여러 차별은 물론 성희롱에도 노출돼 있었다는 사실이 알려지면서 큰 파장이 일었다. 조합원의 절대 다수가 여성이라는 점에서 서울강서양천여성의전화가 큰 관심을 보였는데, 사람과공간도 연대 방문을 하고 투쟁 기금을 전달하는 등 지역 사회가 연대할 수 있는 방안을 함께 찾았다.

사람과공간이 주도한 노동 쟁의는 9호선 청소 노동자 복직 투쟁이었다. 지금은 강서구 노동복지센터에서 같이 일하고 있는 한민호 차장이 2016년 말에 시작된 9호선 청소 노동자들의 노상 농성 소식을 접한 뒤 직접 찾아가 인터뷰를 했고, 그 내용을 기사로 써서 인터넷 언론《오마이뉴스》에 실었다.

지방 정부 재정 사업으로 건설하고 운영하는 서울 지하철 1~8호선하고 다르게 9호선은 이른바 민간 투자 사업이다. 그러다 보니 운영 구조가 독특했다. 3단계로 나뉜 9호선 구간에서 민자 사업은 1단계에만 해당된다. 시비와 국비가 훨씬 더 많이 들어가니 온전한 민자 사업이라고 보기도 어렵다. 게다가 9호선은 모회사 격인 시행사(서울시메트로 9호선)가 있고 운영사(서울9호선 운영)와 정비사(메인트란스)가 분리된 다단계 구조였다. 시행사는 재무적 투자자들로 구성되며, 운영사는 프랑스의 에르아테페(RATP) 데브 트랑스데브 코리아(72%)와 트랑스데브 그룹 에스아(S.A.)(8%)가 합쳐서 80퍼센트의 지분을 가지고 있고 철도 차량 제작사인 로템이 20퍼센트의 지분을 갖고 있다. 반대로 정비사인 메인트란스는 로템이 80퍼센트의 지분을, 나머지 20퍼센트의 지분은 프랑스 회사가 갖고 있다.

9호선 청소 노동자 복직 촉구 기자 회견에도 함께했다.

2018년 5월 사회공공정책연구원은 9호선을 서울시 직영으로 운영하면 120억 원을 아낄 수 있다는 연구 결과를 내놓았다. 종사자의 노동 조건을 개선하고 이용 승객의 안전을 고려해서라도 빨리 직영으로 바꿔야 했다. 2017년에 출범한 9호선 운영노조는 1년도 채 안 된 2017년 11월 30일에 파업에 돌입했는데, 9호선 직영화가 핵심 요구였다. 노동계와 시민사회가 노력한 결과 2019년 초에 9호선 직영화가 결정돼 그나마 다행이다.

그런데 9호선 청소 노동자 집단 해고 사태가 발생했다. 9호선 청소 노동자들은 정비사인 메인트란스가 외주 용역을 준 에프엠텍에 고용된 비정규직 노동자다. 2016년 말 용역 업체가 에프엠텍에서 제이에이치(JH)로 바뀌면서 몇몇 직원이 재계약에서 배제됐다. 그런데 재계약이 안 된 청소 노동자가 대부분 노조 가입자라는 공통점이 있어서 의도적인 해고이자 노조 탄압으로 받아들여졌다.

　나는 공공 부문의 노동 정책에 오랫동안 관여한데다가 교통 정책을 다룬 만큼 철도와 지하철의 운영 구조에 관련해 비교적 많이 알고 있었다. 게다가 2012년 지하철 노조와 시민사회단체들이 나서서 9호선 공영화를 비롯해 공공성을 강화하라고 서울시를 압박하는 과정에 참여한 덕에 9호선의 구조적 문제점을 잘 알고 있었다. 농성 현장에 들러 9호선 청소 노동자들을 만나고, 그 자리에서 들은 이야기를 지역 시민사회단체들에 알렸다. 사람과공간이 제안한 대책위가 구성돼 지원과 연대 활동을 벌였다. 엄동설한부터 시작한 투쟁은 한여름까지 이어지지만 9호선 청소 노동자들은 지역 연대의 힘에 기대어 포기하지 않고 버텼다. 지지 현수막 걸기, 기자 회견, 연대 집회, 1인 시위, 면담 요청, 항의 방문 등 지역 수준에서 할 수 있는 다양한 방식으로 투쟁을 이어갔다.

　나는 대책위 사람들에게 문제 해결의 열쇠는 메인트란스와 로템이 쥐고 있다는 점을 자세히 설명했다. 서울시 재정이 투입되기 때문에 서울시에 감독권이 있지만 민자 사업의 특성상 투자사를 동시에 압박해야 한다는 사실을 알렸다. 이런 상황 판단을 바탕으로 창원에 자리한 금속노조 로템지회에 연대를 요청했고, 로템지회도 적극적으로 힘을 보탰다.

　지루한 교섭이 이어졌지만 다양한 노력과 연대 덕에 마침내 복직이 합의됐다. 아쉽게도 전원 복직이 아니라 부분 복직이었다. 특히 이창호 사무국장은 현장에 노조를 복원하는 일이 더 중요하다고 생각

함께한 사람들이 모여 즐거움을 나눈 복직 승리 축하 연회.

해 복직을 뒤로 미루는 결단을 내렸다. 그 결과 강선규 지부장과 조합원 4명이 복직해 현장에 복귀할 수 있었다. 복직을 위해 그동안 지역의 노조를 비롯해 정의당 같은 진보 정당, 서울강서양천여성의전화, 강서아이쿱생협, 정치한방울 등 지역 사회의 많은 사람이 힘을 보탰다. 복직이 확정되고 난 뒤 함께 힘을 모아온 사람들이 승리를 자축하는 자리를 마련해서 서로 격려하고 위로도 했다. 모처럼 즐거운 파티였다.

9
노동의 가치를
마을에
전파하는 일

마을 주민들이 대부분 따지고 보면 노동자인데도 지역 주민들을 만나 노동을 이야기하는 일은 참 쉽지 않다. 희망연대노조가 지역 사업을 통해 지역 연대를 앞장서서 실천하는 사례가 있지만, 기업별로 구성된 대부분의 노조는 사업장의 담벼락을 넘어서 마을 공동체에 참여하지 못한다.

반면 시민사회단체는 대개 노동과 정치에 거리를 둔다. 노동과 정치는 우리 삶에 결정적인 영향을 준다. 극소수를 빼면 누구도 노동하지 않고는 생존할 수 없으며, 정치가 우리 삶의 질을 결정하기 때문이다. 그런데도 노동과 정치에 개입하는 행동을 주저하거나 아예 배제하는 흐름이 있다.

역사적 경험과 이데올로기적 트라우마가 큰 영향을 끼친다. 정치와 노동이라는 의제가 아마도 근본적 문제인 까닭에 대립하는 요소가 더 큰 듯하다. 그렇지만 '노동'을 매개로 지역 주민을 만나는 일이 반드시 어렵지만은 않다. 다만 접근 방식을 다시 고민해야 하고 창의적인 아이디어가 필요하다.

노동조합 활동가 기초과정

스웨덴에 다녀온 정경섭 마포 민중의집 전 대표에 따르면 스웨덴 민중의집에서 진행되는 다양한 교육은 노동자교육협회(ABF)가 주관한다. 1912년에 사민당, 노동조합, 협동조합 조직들이 만든 이 협회는 스웨덴에서 활동하는 9개 시민 교육 기관 중 가장 크고 오래된 곳으로, '배우고 싶은 모든 것을 배울 수 있는 곳'이 슬로건이다. 1000만 명 조금 안 되는 인구에서 해마다 200만 명 이상이 노동자교육협회가 주관하는 어학 강좌, 영화 모임, 피아노 교실, 수학 교실, 기공체조와 요가, 컴퓨터 교실 같은 교육 프로그램에 참여한다.

스웨덴 노동자교육협회에 견줄 수는 없지만 사람과공간에서도 다양한 노동 교육 프로그램을 시도하고 있다. 특히 평등사회노동교육원하고 함께 진행하는 '노동조합 활동가 기초과정'은 핵심적인 노동 교육 프로그램이다.

평등사회노동교육원은 단병호 민주노총 전 위원장이 2011년 세운 교육 기관이다. 1987년 이후 많은 활동가가 노동(자)운동을 이끌었지만, 상징적인 인물을 꼽자면 단병호 전 위원장이다. 오랜 수배와 투옥을 마다하지 않고 정권과 자본에 맞서 노동(자)운동을 이끌

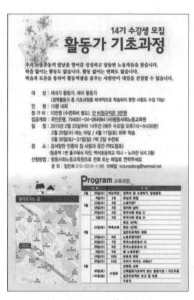

노동조합 활동가 기초과정 모집 웹자보.

었다. 2004년부터 4년 동안 민주노동당 국회의원으로 일하기도 했지만 '의원'보다는 '위원장'이 더 익숙한 분이다. 안타깝게도 청년 세대는 단병호 위원장을 전혀 모르는 사람이 많다. 세월이 그만큼 흘렀다. 단병호 위원장은 국회의원 임기를 마치고 평등사회노동교육원을 세웠다. 이름에서 알 수 있듯이 평등 사회를 지향하는 노동자 교육기관이다. 많은 노동조합과 노동조합 활동가들이 새로운 교육 기관을 만들자는 단병호 위원장의 요청을 받아들여 십시일반으로 기금을 조성했고, 나도 조그만 벽돌을 한 장 얹었다.

평등사회노동교육원은 새로운 교육 기관이다. 일방적인 강의가

사람과공간에서 열린 노동조합 활동가 기초과정 강좌.

합동 밥상 형태로 열린 활동가 기초과정 수료생 홈커밍데이.

아니라 수강생이 직접 참여하는 참여형 교육을 한다. 안내 강사 한 명이 준비된 교안을 바탕으로 시청각 중심의 교육을 진행한다. 이런 교육 과정은 1년 넘게 이전의 노동 교육을 분석하고 해외 사례를 조사해서 커리큘럼을 짜고 교안을 개발하는 과정을 거친 결과물이다.

　노동조합 활동가 기초과정 프로그램은 주 1회씩 12주, 곧 3개월이 필요하다. 일하는 노동자들이 주 1회씩 3개월짜리 교육을 받는 일은 쉽지 않지만 꽤 많은 수가 졸업을 한다. 지금은 6개월짜리 중급과정도 운영되고 있다. 또한 강사단 양성 교육도 병행한다. 기초과정을 이수한 수강생이 강사단 교육을 수료하면 강사로 직접 나설 수도 있다. 2018년 11월 기준으로 기초과정은 1700여 명, 중급과정은 110여 명, 리더십과정은 50여 명이 수강했으며, 안내 강사는 150여 명을 배출했다. 현재 노동조합 활동가 기초과정 프로그램은 서울은 물론 인천, 광주, 포항, 울산, 부산, 창원, 제주 등 여러 곳에서 개설되고 있다.

사람과공간에서는 출범 초기인 2014년에 3개 기수가 수료한 뒤 해마다 상반기와 하반기에 각각 1개 기수가 개설돼, 2018년까지 모두 10개 기수 120여 명이 배출됐다. 사람과공간이 평등사회노동교육원의 서울 남서 분원 구실을 하는 셈이다. 사람과공간에서 진행하는 교육에는 조합원뿐 아니라 지역 시민사회 활동가, 진보 정당 활동가, 협동조합 활동가 등 여러 계층이 참여한다. 노동 교육을 통해서 노동의 가치를 지역사회에 확산하는 기폭제 구실을 하는 셈이다. 2016년부터 사람과공간에서 진행된 기초강좌 수료생들이 모이는 동문회를 1년에 한 번씩 열고 있다. 기수에 관계없이 교육 과정을 거친 모든 수료생이 홈커밍데이 행사를 하면서 친분을 다진다.

시민노동법률학교

시민노동법률학교는 다른 지역에서도 많이 시도하는 프로그램이다. 지역 주민과 조직되지 않은 노동자를 대상으로 공인 노무사들이 노동법의 주요 내용을 교육한다. 사람과공간은 2015년에 처음으로 4

시민노동법률학교에서 강의하는 모습.

김진숙 지도위원하고 함께한 시민노동법률학교 특강.

강짜리 프로그램을 기획했다. 서울노동권익센터에서 재정을 지원받아 동네방네 현수막도 걸고 웹자보를 만들어 여기저기 알렸다.

시작할 때는 누가 얼마나 올까 하는 조바심을 내기도 했다. 요즘 '핫한' 인문학 강좌도 아니고 어려운 노동법에 누가 얼마나 관심이 있을까 생각했는데, 뜻밖에 참가 신청이 많았다. 참가자가 너무 적을지도 모른다는 걱정 때문에 비정규직 노조들에게 교육 참여를 강권하기도 했는데, 다행스럽게도 기우였다.

시민노동법률학교는 임금, 노동 시간, 인사, 산재 등으로 나눠 노동법을 교육하고 김진숙 민주노총 부산본부 지도위원처럼 널리 알려진 노동(자)운동 선배 활동가를 초대해 특강을 여는 방식으로 진행한다. 단순히 지식을 전달하는 데 그치지 않고 노동의 가치와 노동조합의 필요성을 알리고 싶기 때문이다. 2015년 이후 해마다 4강으로 한 번 또는 두 번씩 꾸준히 진행했는데, 2017년 하반기부터는 사람과공간이 위탁받은 강서구 노동복지센터가 사업을 주관한다.

청소년 노동 인권 교육

많은 청소년이 아르바이트를 한 적이 있거나 아르바이트를 하고 있다. 졸업한 뒤에는 대부분이 직장을 다닌다는 점에서 청소년 노동 인권 교육은 매우 중요하다. 자기에게 무슨 권리가 있는지, 권리를 지키려면 무엇을 어떻게 해야 하는지를 취업하기 전에 미리 배우면 직장에서 부당한 대우를 받지 않고 권리를 존중받으면서 보람된 노동을 할 수 있다.

청소년 노동 인권 활동가 양성 교육을 진행하는 모습.

한국 사회가 민주화된 뒤에도 학교는 노동 인권 교육을 하지 않았다. 남북 분단과 이데올로기 과잉 탓에 '노동'이라는 단어 자체를 혐오하는 흐름이 지배했고, 청소년을 대상으로 하는 노동 인권 교육 자체를 상상할 수 없었다. 반면 유럽은 정규 교과 과정에 노동 인권 교육이 들어 있고, 심지어 사업장에서 하듯 단체 교섭을 실습하는 '모의 교섭'도 진행한다.

이런 현실을 보고 심각한 문제의식을 느낀 지역 활동가들이 청소년 노동 인권을 고민하고 노동 인권 교육의 주체가 되자며 전국 곳곳에서 모였다. 강서·양천 지역에서는 '강서양천 청소년 노동인권 활동가모임 다움'이라는 이름으로 모여 스스로 학습하고 캠페인 등 실천 활동을 하면서 역량을 키웠다. '다움'은 '서울지역 청소년 노동 인권 네트워크'에 결합한 뒤 교사들을 설득해 직접 학교에 들어가서 학생들을 대상으로 노동 인권 교육을 진행했다.

사람과공간은 청소년 노동 인권 교육의 필요성을 인식하고 교육 사업을 적극적으로 기획했다. 다움(김상봉), 양천노동인권센터(권혁태), 사람과공간은 '강서양천청소년노동인권 네트워크'를 구성해 지역에서 청소년 노동 인권 사업을 조율하기로 했다. 평등사회노동교육원 상근자이면서 노동조합 활동가 기초과정을 운영하는 임진희는 사람과공간을 대표해 다움 활동에 참여했고, 사무국장과 대표를 연이어 맡아 다움을 이끌고 있다.

2017년 사람과공간이 강서구 노동복지센터를 위탁받아 운영하기 시작하면서 청소년 노동 인권 사업은 더욱 활발해졌다. 노원구(8곳)와 은평구(7곳)를 제외하면 강서구(6곳)에는 다른 자치구에 견줘 특성화고가 많다. 특성화고가 취업을 주요 목적으로 하는 만큼 노동 인권 교육이 반드시 필요하다. 서울시교육청도 조례를 고쳐 특성화고 학생들을 대상으로 노동 인권 교육을 의무화했다. 진보 교육감이 당선한 덕에 일어난 변화다.

무료 노동 상담

지역 주민을 대상으로 무료 노동 상담도 한다. 노무사들이 자원봉사로 시작한 무료 노동 상담은 두 가지 방식으로 진행됐다. 주 1회씩 방문자 상담을 하고, 월 1~2회씩 대상자를 찾아가는 상담을 진행했다. 자원봉사는 정해진 날만 하기 때문에 아무래도 찾아오는 사람이 많지 않지만, 찾아가는 상담은 상담 건수가 꽤 됐다. 지금은 사람과 공간이 위탁받은 강서구 노동복지센터가 화요일부터 금요일까지 상담을 하고 있어서 상담 건수가 크게 늘었다.

찾아가는 노동 상담은 주로 지하철 역사에서 한다. 외부에서 탁자를 놓고 해야 하는 만큼 날씨나 주변 환경을 고려할 수밖에 없는데, 지하철 역사는 이런 변수에 크게 영향을 받지 않는데다가 유동 인구도 많다. 봄과 가을이면 마을에서 열리는 마을 축제나 박람회 등에서도 무료 노동 상담 부스를 차린다. 상담 자체도 중요하지만 지역에서 노동 문제에 관한 관심을 환기한다는 측면에서 의미가 있는 사업이다.

10
문화로
노동 인권을
말하다

지역에서 문화를 매개로 노동의 가치를 새롭게 환기하고 싶었다. '노동'이라는 단어가 너무 무겁게 받아들여지고 고정관념과 선입견이 팽배하다는 점에서 쉽게 접근할 수 있는 방안을 찾아야 했다. 그런 생각에서 추진한 사업이 '노동이 아름다운 세상' 공모전이다. 마침 서울노동권익센터에서 공모한 '노동존중 지역기반구축사업'에 선정돼 어렵지 않게 사업을 추진할 수 있었다.

2016년의 '노동이 아름다운 세상'

2016년 공모전은 둘로 나눠 진행했다. 하나는 《전태일 평전》 독후감을 공모하는 사업이었고, 다른 하나는 노동을 주제로 한 사진을 공모하는 사업이었다. 사업을 집행하기 위해 독후감분과와 사진분과

제1회 노동이 아름다운 세상 공모전 웹자보와 북콘서트 모습.

를 구성하고, 어린이책시민연대 활동가, 그림책 작가, 글쓰기 강사, 사진동호회 회장, 프리랜서 사진작가, 전직 사진 스튜디오 운영자 등 그동안 관계를 맺고 있던 여러 마을 활동가와 문화 예술 전문가들을 열심히 찾아서 모셨다.

다양한 사람들이 모이면 의견이 충돌하기 마련이다. 공모전을 바라보는 생각이 서로 달랐다. 특히 일반 공모전처럼 순위를 정하는 문제를 둘러싸고 이견이 가장 컸다. 시상 명칭을 달리하는 데는 동의하지만 순위를 정하는 방식에는 거부감을 드러냈다. 진보적 공동체를 지향하는 측면에서 부적절하다는 지적이었다. 반면 공모전 특성상 순위를 정하지 않을 수 없다는 의견도 적지 않았다. 결국 독후감은 순위를 정하지 않되 청소년 부문과 일반 부문을 나누기로 했다. 사진은 순위를 정하되 청소년 부문과 일반 부문을 나누지 않기로 했다. 분야마다 다양성을 존중하기로 한 셈이다.

지자체 지원 사업은 예산 집행 지침에 상금이나 부상 등으로 재정을 사용할 수 없다는 규정이 있어서 다른 대안이 필요했다. 공모전은 시상을 전제로 하기 때문이다. 결국 지역 소재 노조들에 도움을 구했고, 재정이 어려운 사람과공간도 일부를 부담하기로 했다.

대개 공모전 첫 회에는 응모자가 많지 않다고 한다. 아무래도 인지도가 떨어지는데다가 우리처럼 상금이나 부상이 넉넉하지 않을 때는 그럴 가능성이 더 컸다. 뭔가 대책이 필요했다. '북콘서트' 형식으로 공모전 설명회를 열기로 했다. 이 설명회도 분과에서 결정한 사항이었는데, 설명회가 시상식을 넘어설 정도로 잘 기획돼서 공모전이 흥행하는 데 큰 도움이 됐다.

《전태일 평전》 독후감 공모전에 관련해서는 전태일재단에 사정을 설명하고 명칭을 쓸 수 있게 해달라고 요청했다. 이수호 전태일재단 이사장은 북콘서트에 참석해 격려 말씀도 하시고 선물도 나눠주

제1회 노동이 아름다운 세상 시상식 모습(위)과 수상자 기념사진(아래).

북콘서트에 참석한 전태일재단 이수호 이사장님.

셨다. 청중들은 운 좋게 《전태일 평전》을 '득템'하는 호사를 누렸다.

사실 전태일재단 이수호 이사장은 내 고등학교 은사이자 결혼 주례를 맡아주신 분이다. 기독교 학교인 신일고등학교에 들어간 나는 이수호 선생님을 1학년 담임으로 만났다. 40년이 다 돼가는 기억이라 희미하지만, 이수호 선생님은 첫 시간에 만남에 관해 말씀하셨다. 예수와 열두 제자의 만남을 비롯해 역사적인 위인과 그 제자들의 만남을 예로 들면서 우리들의 만남이 얼마나 소중한지를 말씀하셨다. 선생님은 담임을 맡은 학생들에게 1년 동안 매를 들지 않겠다는 약속도 하셨다. 70명이 넘는 질풍노도의 청소년들을 담임 혼자 통제하는 일은 결코 쉽지 않다. 학교에서 선생님들이 휘두르는 폭력이 사랑의 매라는 말로 미화되던 때였다. 이수호 선생님은 당신이 담임을 맡은 반에서는 그런 통제를 중단하겠다고 선언하셨다.

아슬아슬한 상황이 몇 차례 있었지만 선생님은 끝내 매를 들지 않고 약속을 지키셨다. 나는 초중고 12년을 통틀어 가장 존경하는 분으로 이수호 선생님을 꼽는다. 대학교에 들어가 시대 상황에 밀려서 학생운동에 참여하던 나는 1985년 어느 날 신문에서 이수호 선생님의 이름을 발견했다. 전교조 전신인 전국교사협의회(전교협)가 만들어졌다는 기사에 선생님 이름이 있었다. 기뻤다. 선생님은 그 뒤 옥고를 치르면서 교육운동과 노동(자)운동에서 책임 있는 자리를 마다하지 않으셨다. 나중에는 내 결혼식 주례도 맡아주셨다. 그런데도 자주 찾아뵙지도, 연락하지도 못해서 항상 죄송한 마음이다.

공모전 설명회까지 열었지만 예상대로 응모 작품이 많지 않았다. 공모 기간을 연장해야 했고, 만족할 만큼은 아니지만 다행히 시상식을 열 정도는 됐다. 사람과공간 벽면에 전선을 달아 액자를 걸었다. 비용 등 여러 조건을 고려하면 다른 공간을 빌리느니 사람과공간에서 전시하는 쪽이 더 낫다는 의견이 많았다. 시상식도 마을 축제처럼 준비해 즐겁게 치를 수 있었다.

2017년의 '노동이 아름다운 세상'

2017년 제2회 공모전은 그림 분야를 추가했다. 응모 편수를 늘리려고 사전 강좌를 배치했다. 글, 그림, 사진 등 부문 강좌를 마련하고 강좌에 참여한 사람들이 공모전에 참여하게 이끌었다. 물론 강좌에 참여하지 않은 사람도 응모할 수 있었다. 2017년에는 각 부문별로 대상 격인 '노동이 아름다운 세'상'' 당선자를 선정했다. 사진 분야는 황정미의 〈포도밭의 소금꽃나무 1〉, 그림 분야는 송문이의 〈마늘 까는 엄마〉, 글쓰기 분야는 안은옥의 〈사람공부 제대로 했다〉가 뽑혔다. 숨은 재주꾼이 적지 않았다.

2017년에는 '문화감수성 충전을 위한 연속강좌'가 함께 진행됐다. 문화 예술을 통해 노동 문제에 접근하고 노동의 가치를 새롭게 인식할 수 있는 프로그램인데, 문화 분야 전문가를 불러모아 강좌 방식으로 진행했다. 강좌마다 지역 주민과 노동자 20여 명이 참석했다. 2016년하고 다르게 2017년에는 마지막 프로그램으로 노동조합

파주출판단지에서 연 마을 활동가 워크숍.

제2회 공모전 웹자보.

제2회 공모전 때는 연속 강좌 프로그램도 함께 열었다.

제2회 노동이 아름다운 세상 사진 부문 당선작인 황정미의 〈포도밭의 소금꽃나무 1〉.

제2회 노동이 아름다운 세상 그림 부문 당선작인 송문이의 〈마늘 까는 엄마〉.

제2회 노동이 아름다운 세상 시상식을 빛낸 버스킹 축하 공연.

제2회 노동이 아름다운 세상 시상식에서 펼친 춤동아리 STM 축하 공연.

과 지역 시민사회가 함께하는 워크숍을 열었다. 문화를 매개로 만난 노동조합 활동가들과 마을 활동가들이 함께 파주출판단지로 나들이를 떠났다. 하루 일정이지만 비교적 긴 시간을 함께하면서 이런저런 이야기를 나누고, 간단한 산행도 하고, 초청 강의를 들으면서 서로 가까워질 수 있는 시간이었다. 맛있는 밥과 뒤풀이는 덤이었다.

2017년 공모전 시상식의 하이라이트는 영일고등학교 학생들이 맡았다. 영일고 학생으로 구성된 '노래팀'과 '춤동아리 STM'이 축하 공연을 했는데, 말 그대로 난리가 났다. 넓지 않은 무대인데도 열정적인 춤과 노래를 펼쳐 열띤 환호를 받았다. 영일고는 전교조 교사들이 주도해 평소에도 지역 사회에 밀착해서 다양한 활동을 펼치는 학교로 유명하다. 그 덕에 우리가 큰 도움을 받았다.

아쉽게도 2018년에는 '노동이 아름다운 세상' 공모전을 진행하지 못했다. 재정 후원을 받지 못한 때문이었다. 재정을 마련하려고 이런저런 노력을 했지만, 결국 중단할 수밖에 없었다. 뜻깊은 행사가 다시 이어질 수 있기를 기원할 뿐이다.

11
서로 돕기와
인큐베이팅

사람과공간은 지난 5년 동안 스스로 성장하는 한편 협력 단체의 성장을 지원하는 인큐베이터 구실도 했다. 두 가지 사례가 대놓고 자랑할 만하다.

우리 동네 진로 주치의 키다리 아저씨들

사람과공간을 운영하기 시작하고 서너 달쯤 지난 무렵, 한국직업능력교육협회 사무처장으로 일하는 김성길 회원을 만났다. 강서구에 사는 김성길 회원은 자기가 지닌 직업 상담 능력을 활용해 지역에 도움이 되는 활동을 하고 싶어했다. 김성길 회원을 만나기 전까지는 직업상담사라는 직업이 있다는 사실도 잘 몰랐다. 민주화운동에 참여하고 민주노동당 곽정숙 의원의 보좌관으로 일한 김성길 회원 덕에

강서 키다리 아저씨 양성 교육.

〈염쟁이 유씨〉라는 일인극으로 유명한 유순웅 연극배우를 초청해 두 차례나 강연회를 열기도 했다.

얼마 뒤 서울시에서 주관하는 '마을 공동체 사업공모' 안내를 받 았다. 지역 주민 3명 이상이 마을 사업 제안서를 내면 심사를 거쳐 지 자체에서 재정을 지원하는 방식이었다. 김성길 회원은 자기 특기를 살려서 지역과 교육을 결합하는 마을 사업을 해보자고 하더니, 사람 과공간의 집행부 2명하고 함께 사업 제안서를 냈다.

'우리동네 진로주치의 강서 키다리 아저씨'는 이렇게 해서 탄생 했다. 진 웹스터가 쓴 성장 소설 《키다리 아저씨》에서 영감을 얻어서 그 이름을 차용한 이 프로그램은 지역 청소년을 대상으로 진로와 직업 상담을 할 수 있는 지역 주민 상담사를 양성하는 기획이었다. 소설 속 주인공 주디가 키다리 아저씨의 도움을 받아 어엿한 사회인으로 성장하듯이 우리 지역의 아이들이 성장하는 데 마을 공동체가 도움을 주려는 뜻을 담은 이름이었다.

이 사업은 자유학기제 덕에 기획될 수 있었다. 자유학기제는 진로 체험을 통해 학생들의 꿈을 키우자는 의도 아래 탄생한 제도로, 한 학기(또는 1년) 동안 교과 시험을 보지 않고 진로 체험이나 현장 체험 활동 같은 교육을 받는다. 3년 동안 시범 실시한 자유학기제가 2016년부터 중학교에 전면 도입되면서 진로 직업 상담을 찾는 수요가 증가하리라고 예상되는 상황이었다. 그런데 사설 기관에서 진로 직업 상담을 하려면 상담료가 비쌌고, 학교에는 진로 담당 교사가 1명뿐이라 학생들이 때맞춰 알맞은 상담 서비스를 받을 수 없었다. 진로 직업 상담은 지역 공동체 사업으로서 전망이 밝아 보였다.

프로그램 기획이 좋은 덕분에 공모에 선정돼 2014년 10월부터 본격적으로 사업을 진행했다. 먼저 진로 주치의에 참여할 교육 대상자를 모집했는데, 예상보다 훨씬 많은 지역 주민이 신청했다. 청소년 대상 상담을 진행하는 사업이라서 일정한 자격 조건이 필요한데도 응모자가 꽤 많았다. 일주일에 걸쳐 빡빡한 교육 과정과 실습이 이어졌고, 강좌가 끝난 뒤에는 강서구와 양천구에 자리한 학교들에 진로 직업 교육과 상담을 제안했다. 자유학기제 시범 실시 때문에 학교도 대책이 필요한 상황이라 우리가 한 제안이 환영받을 수밖에 없었다.

예상보다 수요가 많다는 점이 확인되면서 몇몇 참가자를 중심으로 법인을 세우자는 말이 나왔다. 마을 기업 형태로 협동조합을 만들기로 하고 사무실은 사람과공간에 두기로 결정했다. 그렇게 해서 '키다리 진로직업교육 협동조합'(키다리 쿱)이 만들어졌다. 키다리 쿱은 그 뒤 관내 진로 직업 교육과 상담 사업을 본격적으로 진행했는데, 강서구가 교육혁신지구로 선정되면서 또 다른 계기를 맞았다. 이번에는 키다리 쿱이 주관해서 강서구 진로 주치의, 줄여서 '강진주' 양성 사업을 추진했다. 강진주는 키다리 쿱하고 비슷한 경로를 거쳤다. 본부를 사람과공간에 두고 수강생들이 '강진주'라는 단체를 만들어 활동을 시작했다. 강서구청하고 협약을 맺고 주민자치센터와 지역아동센터 등에서 진로 상담과 교육을 했다. 강진주는 마을과 교육이 결합한 성공 모델이자 강서구 교육혁신지구의 대표 콘텐츠로 성장했다. 열심히 일한 마을 활동가들이 만든 결과지만, 그 출발점에는 사람과공간이 자리하고 있었다.

우리에게 필요한 빵과 그림책

빵과그림책협동조합(빵그)은 그림책을 매개로 지역 사회에 기여하려고 만들어진 협동조합이다. 그림책 큐레이터 양성, 찾아가는 그림책 약방, 그림책 버스킹, 그림책 공연 등이 주요 사업이다.

빵과그림책협동조합은 2016년에 출범했지만 처음에는 사업 콘텐츠가 제대로 마련되지 못해 그리 활발히 활동하지 못했다. 사업체

2018년 '찾아가는 그림책약방' 참여기관 모집

낭독과 경청, 치유, 그림책이 약입니다!
그림책 처방이 필요한 당신을 위해
'빵과그림책' 협동조합이 찾아갑니다!

그림책약방운동

가족과 충분한 시간을 보내지 못해 결핍 어린아이(청소년/어르신 등)을 위한 문화예술 프로그램입니다.

이렇게 운영해요

- 대상: 지역아동센터, 장애인자립센터, 종합사회복지관 (빈곤/부모), 세대별 그룹 (청소년/성인), 이용자 그룹 (성인) 등
- 일정: 주 1회 (회당 1시간) 총 10회
- 인원: 회당 5~7명, 최대 10명
- 강사: '빵과그림책' 협동조합 그림책 큐레이터 (고급자격증 소지자) 본 2인 1조로 1기관을 방문합니다.
- 교재: 그림책 및 활동 교재 등 강사가 준비합니다
- 문의: 070-4226-0882 (강서구 노동복지센터 노동복지팀)

차례	그림책 처방	활동 주제
1	'나비가 자라는 물고기?'	생명 니락빠니
2	'숲속의 하얀 집'	햇살아본 경험이 있나요?
3	'소리가 보이나봐...'	나비나무 학가 날짜
4	'빨강 손님'	단풍과 관계맺기
5	'걸리버'	나는 소중해
6	'아빠 힘들 나잖아?'	20초, 나를 대신해 줘
7	'빨강머리 앤이다?'	책임빨간색들로 책 그래?
8	'책속에서는 약'	오늘 겸 책감싸 주는 알약
9	'안들레는 안돼요'	이곳서 지키도 안들레는 안돼요
10	'청색빛 알약'	일반처방 날 빛살받는 일상

※ 프로그램 처방책 내용은 대상기관과 협의, 변경할 수 있습니다.

빵처럼, 장미처럼 향기로운 그림책

2016년 6월에 설립되어 서울시 강서구를 중심으로 다양한 그림책 활동, 교육사업을 하고 있습니다.

7명의 생산자 조합원(강사)와 외에 다수의 후원자 조합원이 있습니다.

주요사업

- '그림책 큐레이터' 과정 교육 및 자격증 발급
- 다양한 연령, 계층을 대상으로 한 '찾아가는 그림책 약방'
- 취약노동자 계층 지지, 어르신 다문화가정
- 그림책 비스킷
- 그림책을 주제로 한 공연계획 등 기획 etc.

강서구 노동복지센터는 일하는 강서구민의 사회경제적 삶의 향상과 노동복지 증진을 위해
17년 9월, 서울특별시 강서구 노동복지센터 설치 및 운영조례에 의해 설립한 기관입니다.

성격을 지닌 일반 협동조합은 영리 법인이라는 법률적 지위를 가진다. 경제 행위를 해서 이익을 내고 조합원에게 잉여를 나눠야 한다는 말이다. 그렇지만 대부분의 협동조합이 경제 사업을 제대로 하지 못한다. 만들기는 쉬워도 수익을 내기는 무척 어렵다. 마땅한 수익 모델을 찾기가 쉽지 않기 때문이다. 더군다나 빵과그림책협동조합은 일반 협동조합이지만 사회적 기여를 하겠다는 의지를 내세운 만큼 수익 모델을 찾는 일이 더욱 힘들어 보였다.

빵과그림책협동조합은 이름이 독특하다. 이사를 맡고 있는 임정은 회원은 영화 〈빵과 장미〉에서 영감을 얻었다고 말한다. 영국의 진보적 영화인 켄 로치가 감독한 이 영화는 멕시코 이주 노동자들이 벌인 투쟁을 그렸다. 사실 '빵과 장미'는 미국 시인 제임스 오펜하임이 시카고의 여성 노동운동가들을 기리며 쓴 시의 제목이다. 파업 현장에서 누군가가 피켓에 '우리는 빵을 원한다. 그러나 장미도 원한다(We want bread, but roses, too)'는 이 시의 한 구절을 인용한 데서 유래한 말이다. 조한혜정에 따르면 여기서 '빵'은 생계를 위해 일할 권리를, '장미'는 서로 사랑하고 돌보며 살아가는 권리를 가리킨다.

빵과그림책협동조합은 2017년에 강서양천행복나눔사업단에 참여한다. 주거 환경 개선과 위기 아동 발굴 지원 사업을 주로 하던 사업단이 사업 영역을 확장하고 참여 단위를 확대하는 과정에서 빵과그림책협동조합에 참여를 제안했다. 사업단은 지역아동센터와 경로당을 선정해서 빵과그림책협동조합이 '찾아가는 그림책 약방'이라는 이름을 내걸고 그림책 낭독 봉사 활동을 할 수 있는 여건을 조성했

꽃밭에 파묻힌 빵과그림책협동조합 사람들.

고, 여기에 들어가는 비용도 부담했다. 빵과그림책협동조합은 이 사업을 계기로 제대로 된 활동을 할 수 있게 된데다가 활동에 들어가는 비용까지 지원받게 되면서 일거양득의 효과를 얻었다. 사업단의 재정이 넉넉하지 않아 실비 수준의 비용을 지원할 뿐이었지만 빵과그림책협동조합으로서는 활동을 활성화하는 계기가 됐다.

사업단이 하는 지원은 상반기로 끝났지만, 하반기에는 강서구 노동복지센터의 사업비 지원을 받게 되면서 규모가 두 배로 커졌다. 2018년에는 강서구 노동복지센터의 지원을 바탕으로 '찾아가는 그림책 약방' 프로그램에 더해 '그림책 큐레이터 양성교육' 프로그램까지 진행하면서 사업 영역이 더 넓어졌다. 또한 빵과그림책협동조합은 사업단에 참여하면서 맺은 인연을 바탕으로 이화의료원노조하고 연계된 봉사 활동을 시작했다. 이화의료원에 장기 입원한 어린이 환우를 찾아가 그림책을 읽어주는 활동을 정기적으로 하게 됐다.

일이나 조직은 어떤 우연한 계기가 만들어지면 예상보다 많은 일들을 겪으면서 빠르게 성장한다. 사람과공간과 빵과그림책협동조합의 네트워킹은 빵그의 활동을 활성화하는 촉매가 됐고, 지금도 서로 시너지 효과를 내고 있다. 빵그가 하는 그림책 활동은 사람과공간이 벌이는 여러 사업에 많은 영감을 줬고, 빵그는 사람과공간에 마련된 생각빛는 작은도서관도 맡아서 운영하고 있으니 말이다.

12
힘겨운 운영,
그러나
지역 거점으로 우뚝 서다

사람과공간은 운영위원회를 분기에 한 번씩 연다. 구성원의 면면을 보면 사실상 지역 시민사회 네트워크라고 할 수 있다. 1기 집행부는 17명이고 2기 집행부는 26명이다. 운영위원회는 말 그대로 운영을 책임지는 곳이지만, 사람과공간에서 진행하는 사업을 공유하는 단위라고 하는 편이 더 맞을 듯하다.

운영과 집행 구조

실질적인 운영은 집행위원회가 책임진다. 사람과공간이 만들어진 과정이 조금 독특한데다가 운영위원회 구성도 아직까지는 실질적인 책임을 질 수 있는 구조가 아니기 때문이다. 운영위원회의 위상을 높이고 제대로 된 기능을 부여하는 문제는 여전히 고민거리다.

집행위원회는 집행 업무를 맡는 사람들을 중심으로 구성돼 있다. 사실상 사람과공간은 집행위원을 중심으로 운영된다고 해도 지나치지 않다. 또한 많은 집행위원이 운영위원을 겸한다. 처음에는 집행위원회가 없었다. 사무국에 부서를 두고 사무국 회의를 진행했는데, 노조나 단체처럼 부서장이 상근하는 구조가 아니어서 사무국을 운영하기가 어려웠다. 특정 부서에 배치되면 부서 업무를 중심으로 일하는 장점이 있지만, 공간 관리와 플랫폼 기능이 주요 업무인 조건에서는 업무 구분이 모호해지고 사무국 체계도 잘 운영되지 못했다. 부서 체계를 없애고 집행위원 제도를 도입해서 그때그때 필요한 업무를 분담하는 방식으로 전환했다.

처음에는 집행위원회를 2주에 한 번씩 열었는데, 집행위원들이 힘들어했다. 2기 집행부가 들어서면서 집행위원을 노동사업팀, 마을사업팀, 조직운영팀으로 재편하고, 팀별회의와 집행위원회를 달마다 1회씩 여는 방식으로 바꿨다. 상대적으로 노동 사업을 많이 추진한 만큼 노동사업팀은 구실과 기능이 명확했다. 조직운영팀도 사람과 공간의 관리와 운영을 책임진다는 점에서 할 일이 뚜렷했지만, 마을사업팀은 달랐다. 다양한 마을 사업에 참여하기도 쉽지 않았고, 마을 사업의 범위도 명확하지 않았다.

사람과공간의 운영에 관련된 실무를 책임지는 상근자 운용 방식도 몇 차례 변화했다. 이유야 여럿이지만, 재정 문제가 가장 컸다. 사무국장 1인 상근 체제를 3년 동안 유지하다가 사무국장 상근을 없애고 요일별 매니저 제도를 1년간 도입했다. 영등포에서 지역 거점 활

2018년 1분기 운영위원회 모습.

구분	1기	2기
운영위원	나상윤, 이현주, 고동환, 양경규, 송광석, 김양래, 김창선, 노광균, 박창순, 진기영, 정성욱, 남덕현, 김문석, 김점숙, 황규식, 한정희	한정희, 나상윤, 이현주, 고동환, 김형곤, 김점숙, 최충환, 유전석, 김문석, 문기영, 박예준, 한민호, 정성욱, 조은순, 이순옥, 송문이, 이진영, 임정은, 이근원, 이금천, 황규식, 남덕현, 전희순, 강정미, 허창범
집행위원	임진희, 이순옥, 한민호, 박예준, 류한성, 염현이, 김성길	임진희, 이순옥, 한민호, 박예준, 염현이, 황정미
공동대표 상임대표	양경규, 고동환, 이현주 나상윤	고동환, 이현주, 나상윤 한정희
부대표	남덕현, 박창순, 김창선	남덕현, 전희순
사무국장	한정희	이혜정
감사	이소영, 임혜숙	이소영, 김미영

동을 하는 '카페 봄봄'을 벤치마킹한 시스템이었다. 요일별로 다른
매니저가 나와 공간 관리와 프로그램 운영을 책임졌다. 다만 회계를
맡는 사람은 따로 지정했다. 다양한 사람이 운영에 참여하는 장점이
있었다. 단점을 들자면 업무 단절이 커질 수 있었다. 1년이 지나면서
장단점이 모두 드러났다. 특히 요일별 매니저의 공간 관리에 병행해
진행하려던 매니저별 프로그램 운영은 생각만큼 잘 진행되지 않았

다. 요일별 매니저 제도는 1년 만에 마감하고, 반상근 사무국장을 채용하는 한편 회계 담당을 따로 두는 방식으로 바꿨다.

재정 기반

일은 사람이 한다. 사업비도 필요하지만 상근자 인건비가 더 중요하다. 재정은 현실적인 제약 요소다. 설립한 뒤 3년 동안 상임대표를 맡은 나는 다른 일을 해서 활동비를 조달했다. 어쩔 수 없이 반상근에 가깝게 활동했다. 사무국장은 상근을 하고 있어서 합당한 인건비를 지급해야 했다. 초기에는 출자금 덕에 어느 정도 유지할 수 있었지만 출자금이 바닥나면서 어려움에 부딪쳤다.

사람과공간의 주요 재정 원천은 회원들이 내는 후원회비와 공간 나눔에서 나오는 수입이다. 개인 회원은 노동조합 활동가와 조합원이 많았는데, 이런 회원들이 내는 후원회비가 공간을 마련하고 운영하는 과정에서 결정적인 구실을 했다. 그런데 시간이 지나면서 회원 구성에서 의미 있는 변화가 일어나는 중이다. 노조 조합원보다 마을 활동가와 지역 주민이 조금씩 늘고 있다. 특히 사람과공간에서 진행하는 프로그램에 참여하면서 회원으로 가입하는 사례가 늘어나는 모습은 참으로 반가운 일이다. 물론 노조 조합원인 회원을 늘리고 회원 활동을 확장하는 일도 여전히 중요하다. 초기에 가입한 노조 조합원들은 지난날에 맺은 인연을 바탕으로 하거나 몇몇 사업장에 집중된 한계가 있기 때문이다.

2~3년이 지나면 노조 조합원 회원들은 많이 탈퇴하겠지 생각했다. 강서구와 양천구에 살지 않는 회원이 많은데다가 회원으로서 활동에 참여하기 어려운 조건이기 때문이었다. 그러나 5년이 지난 지금도 탈퇴 회원은 그리 많지 않다. 이런저런 통로로 사람과공간이 벌이는 사업을 접한 회원들이 지지와 후원의 마음을 표현해준 덕분이라고 생각한다. 감사한 일이다. 단체가 월 단위로 후원하는 재정도 큰 도움이 된다. 작게는 2만 원에서 많게는 15만 원씩 후원하는 단체가 10여 곳이 넘는다. 대부분 지역에 자리한 노동조합이다.

재정을 확보하는 또 다른 경로는 공간 나눔이다. 공간을 매개로 지역 거점을 마련하고 플랫폼 구실을 하기로 자임한 사람과공간에서는 다양한 방식으로 공간 나눔을 진행한다. 먼저 공간 공유 모델이다. 몇몇 단체는 아예 사람과공간을 사무 공간으로 사용한다. 자체 회의와 교육 등을 사람과공간에서 진행한다. 이런 사례는 정기적인 공간 사용료를 낸다. 다른 하나는 필요할 때 일시적으로 사용하는 사례다. 공간 나눔이지만 최소한의 사용료를 받는다. 공간을 유지하려면 물값이나 전깃값 정도는 받을 수밖에 없다. 공간 나눔이 활발해지면서 공간 나눔 사용료가 차지하는 비중이 생각보다 커졌다. 자본주의식으로 말하자면 회전율이 높아졌다.

후원회비와 공간 공유, 공간 나눔으로 재정을 충당하기는 여전히 어렵다. 다른 방안이 필요할 수밖에 없다. 후원 주점이 바로 그런 방안이다. 후원 주점은 우연한 계기로 시작하게 됐다. 어느 날 한정희 사무국장이 불만을 토로했다. 회원으로 가입한 노조 조합원들과 노조는 왜 사람과공간 활동에 잘 참여하지 않느냐는 문제를 제기했다. 회원으로서 회비를 내고 김장 나눔 행사를 비롯해 중요한 사업에 적극 참여한 점은 정말 감사한 일이지만 일상 활동에는 거의 참여하지 않는 이들이 서운하다는 말이었다. 노동(자)운동에 오랫동안 몸담은 나는 농담처럼 대답했다.

"많은 회원들이 거주지가 다르고, (남성) 노동자들은 대부분 술 먹는 일말고는 잘하는 게 별로 없다고……."

말을 하고 나니 술 먹는 건수를 만들면 되지 않을까 하는 생각이 스쳤다. 장기 투쟁 사업장을 위한 연대 밥상이나 밥상 모임은 몇 차례 했지만 본격적으로 술 마시는 자리를 만든 적은 없었다. 후원 주점 또는 일일 호프를 하자는 이야기가 급진전했다. 일은 늘 이렇게 우연을 통해 다가온다.

후원 주점의 목적은 아무래도 재정 확보다. 비용 최소화를 고민하지 않을 수 없다. 매출 최대화에 중점을 두는 방법도 있지만, 재료비, 인건비, 장소 임대료, 홍보비 등 지출 항목을 펼쳐놓고 비용을 줄일 수 있는 방법을 고민했다. 장소 임대료가 만만치 않았다. 굳이 장소를 빌려서 할 필요가 있느냐는 이야기가 나왔다. 우리 공간이 70평(실평수는 60평이 넘는다)인데 이 정도면 충분하다는 생각을 하게 됐다. 한계도 있었다. 조리 시설이 부족했고, 여러 가지 설비가 있어 공간을 충분히 활용할 수 없었다. 그렇지만 과감한 선택을 했다. 우리 공간에서 후원 주점을 하자. 우리 공간을 홍보하는 효과도 있겠다는 생각도 더해졌다. 결과는 대박이었다. 120석에 이르는 좌석을 만들었다. 여러 아이디어가 쏟아졌다. '이 와중에 일일호프'라는 타이틀을 정했고, 경품을 주자는 의견도 나왔다. 이런 좋은 이야기는 꼭 뒤풀이 자리에서 나온다. 그래서 나는 뒤풀이가 중요하다고 생각한다. 알코올이 들어가야 뇌가 순발력을 발휘하는 듯하다.

후원 주점을 하는 목적은 재정을 마련하는 데 있었지만, 기대하지 않은 효과도 나타났다. 사람과공간을 따로따로 이용하던 사람들이 후원 주점에서 만나 같이 술잔을 기울이면서 친목을 다졌다. 공간을 이용하면서 가끔 얼굴을 마주치기는 했지만 서로 잘 알지는 못하던 사람들이 반갑게 인사를 나누고, 같은 공간을 이용하는 사람들이 어떤 이들인지 알게 되는 기회가 됐다. 그런 경험은 새로운 사업을 벌이거나 연대를 해야 할 때 소중한 자산이 된다.

사람과공간은 상근 인력과 재정에 견줘 꽤 많은 일을 벌인다. 원래 일 만들기를 즐겨하는 나 때문이기도 하지만, 서로 할 수 있고 좋아하는 일을 하나씩 가지고 오게 한 덕인 듯도 하다. 사람과공간이 지향하는 가치를 중심으로 중점 사업을 배치하지만, 그런 제약을 넘어서 우리 삶에 필요한 다양한 일을 시도한다. 사람과공간에서 벌어지는 사업을 굳이 분류하면 공간 나눔 사업, 노동 사업, 마을 사업, 생활문화 사업, 지역 공헌 사업이다. 이 다섯 가지 사업이 서로 얽히고설켜 돌아간다.

지역 유지? 유력 단체?

인력도 재정도 넉넉하지 않지만, 시작하고 2년을 지나면서 사람과공간은 지역에서 빠르게 자리를 잡았다. 5년을 지나면서 사람과공간은 노동 단체라는 지위뿐 아니라 '유력 단체'로 자리매김하고 있다. 지역에서 다양한 사업이 벌어질 때마다 사람과공간이 어떤 일이든 해야 하는 현실을 통해 이런 변화를 확인할 수 있다. 사람과공간은 양천구보다는 강서구에 활동을 집중하고 있는데, 양천구에 견줘 강서구는 지역 시민사회가 조금 복잡하다. 아직까지는 협동보다는 경쟁이 앞서는 경향이 있어서 때때로 사람과공간이 선 자리가 곤혹스러울 때가 있다. 그래서 협동과 연대를 중시하기는 하지만, 최대한 원칙을 세우고 판단하되 독자성을 강조한다.

주장만 하기보다는 지역 사회에 기여하고, 지역 현안을 해결하는 데 협력하고, 노동의 가치를 널리 전파해 노동을 존중하는 풍토가 확산되기를 기대한다.

13
계록,
지자체
협력 사업

노동조합은 사용자를 상대로 하는 단체 교섭을 법적으로 보장받는 점에서 다른 조직하고 다르다. 단체 교섭을 거부하는 사용자는 법적 제재를 받는다. 민간 부문은 개별 자본과 개별 노조 사이의 단체 교섭이 진행되면서 노사 관계가 형성된다. 반면 공공 부문의 노사 관계는 특수성이 있다. 기관의 경영진이 아니라 중앙 정부나 지방 정부가 실질적인 사용자 구실을 한다. 정부의 정책 결정이 공공 부문 노사 관계에 직접 영향을 주기 때문이다. 또한 노조 총연맹과 총자본 구실을 하는 국가를 상대로 하는 관계, 곧 노정 관계가 있다. 대개 중앙 정부와 노조 총연맹 사이에 일어나는 대화와 교섭은 노정 관계 또는 노정 교섭이라고 할 수 있다.

한국 민주노조운동의 역사적 흐름에서 보면 노동조합 활동이든 노동(자)운동이든 정부, 곧 행정 기관하고 협력 관계를 맺는 일은 상상하기 어렵다. 이런 경향은 군부 독재 정권과 보수 세력 집권 시기는 말할 것도 없고 민주화운동 세력이 집권한 때에도 크게 다르지 않았다. 특히 김대중 정부와 노무현 정부 등 민주화운동 세력이 집권한 뒤에 오히려 신자유주의를 전면 수용하고 노동 유연화를 강하게 추진한 점에서 노정 관계의 갈등을 피할 수 없었다.

지역 운동을 하면서 지역 사업에 관여하면 어쩔 수 없이 지방자치단체와 관계를 맺게 된다. 지역 민원을 제기하려면 지자체를 찾아가야 하며, 몇 년 전부터 활발해진 마을 공동체 사업을 사실상 주도하기 때문에 지자체와 접촉하지 않을 수 없다. 특히 박원순 시장이 마을 공동체 사업에 집중 투자를 하면서 관련 예산이 증가하고 있는 서울에서는 지자체가 사업 공모 방식을 통해 시민사회나 마을 단체의 활동을 지원한다. 서울시의 마을 공동체 사업도 점차 진화해서 사업 지원뿐 아니라 공간 지원, 관계 형성 지원 등 다양한 방식으로 확장되고 있다. 그나마 자체 재정을 가지고 있는 노동조합이나 생활협동조합을 제외하면 지역의 시민사회와 마을 단체는 현실적으로 이런 공모 사업을 외면하기 어렵다.

지역을 변화시키려는 지역 운동은 한편으로 지역 거버넌스의 재구성을 목표로 한다. 기득권 구조를 해체하지 않으면 지역을 변화시키기 어렵기 때문이다. 문제는 지역 거버넌스의 재구성이 그리 간단하지 않다는 점이다. 지방선거를 통해서 지방의원이나 지자체장을 교체하는 일도 쉽지 않지만, 각종 관변 단체와 지역 토호 세력이 오랫동안 주도권을 쥐고 있는 지역 거버넌스를 재구성한다는 일은 더더욱 어렵고 많은 시간이 필요하다. 그러다 보니 지역 거버넌스에 부분적으로 개입할 수밖에 없다. 물론 실력이 안 되면 개입은커녕 끼워주지도 않는다.

사람과공간은 출발부터 독자 재정으로 규모 있는 공간을 마련하고 다양한 네트워크를 구축하는 한편 나눔연대 사업을 벌여 지역에서 위상을 높였다. 그러자 지자체 공무원들이 먼저 민관 협력 구조에 참여해달라는 제안을 해왔다. 고민하지 않을 수 없었다. 상근 인력이 거의 없는 조건에서 지역 거버넌스 구조에 결합하게 되면 사업 부담만 더 늘어날 듯했다. 지자체는 자기들하고 각을 세우기보다는 타협할 수 있는 곳을 선호하기 마련이고, 따라서 지역 거버넌스에 결합하면 아무래도 '야성'을 잃어버리게 될 위험이 있다는 점도 염려가 됐다. 그렇다고 지역 거버넌스를 마냥 외면하는 방식도 그리 바람직하지는 않다고 생각해서 일단 요청을 받아들이기로 했다.

가만히 따져보니 지역 거버넌스 참여를 요구받은 데는 몇 가지 이유가 있었다. 먼저 김장 나눔 행사 등을 통해 사회적 정당성과 명분을 확보했다. 그리고 지자체에서 지원을 받지 않고 혼자 사업을 진행할 능력과 지속가능성을 보여줬다. 마을 공동체 사업은 지자체 지원 덕에 유지되는 사례가 많다. 그러다 보니 사업 기간이 끝나고 지원이 중단된 뒤에도 유지되는 마을 공동체 사업이 그리 많지 않다. 다른 한편 지자체를 상대로 각을 크게 세우지 않은 점도 원인이었다. 낯선 단체가 생기면 지자체를 비롯해서 관료 사회는 긴장하기 마련이다. 그런데 염려한 수준에 견줘 갈등을 일으키지 않는 모습을 보면서 경계심이 누그러지지 않았을까 생각한다. 그렇다고 딱히 '친하게'

지내지도 않았다. 이견을 제시하는 데 주저하지 않았을 뿐 아니라 결코 충돌을 두려워하지 않았다.

지자체 공모 사업과 노동복지센터 수탁

지자체 공모 사업에 직접 참여한 사례는 '우리동네 진로주치의 강서 키다리 아저씨' 양성 사업과 '아르바이트 청년 권리 지킴이' 사업이다. 강서 키다리 아저씨 양성 사업은 서울시 차원에서 진행되는 마을 공동체 사업이고 권리 지킴이 사업도 서울시가 주관하는 청년 혁신 일자리 사업 중의 하나였다. 사업 성격은 매우 다르지만 지역 사업을 지원한다는 점에서는 비슷하다. 키다리 아저씨 양성 사업은 프로그램을 지원하는 방식이고, 권리 지킴이 사업은 인력을 지원하는 방식이다. 키다리 아저씨 양성 사업은 사업 아이디어를 직접 만들고 진행한 사례라서 성과가 적지 않았고, 강서 진로주치의 양성이라는 후속 사업으로 연결될 수 있었다. 권리 지킴이 사업은 23개월 동안 인력을 지원받은 점에서 사람과공간에 훨씬 더 큰 도움이 될 수 있었지만, 결과적으로는 그렇지 못했다. 권리 지킴이로 오는 청년들이 사회운동의 관점이나 경험이 없어서 처음부터 갈등 요소가 내재돼 있었다. 게다가 비정규직이라는 신분 자체가 지닌 문제점이 고스란히 드러났다. 물론 사람과공간도 그 청년들을 수용할 준비가 부족했다.

간접 공모 사업에 참여한 사례도 있다. 서울시가 만든 서울노

강서구 노동복지센터 현판 제막식.

동권익센터에서 실시한 '노동존중 지역기반 구축사업'에 2016년과 2017년에 연속 선정됐다. 서울노동권익센터의 지원을 받아 돌봄 종사자 스트레칭 교실, 노동자 문화감수성 충전사업, 노동이 아름다운 세상 공모전을 진행할 수 있었다. 특히 문화를 매개로 노동 가치와 노동 존중의 필요성을 확산시키는 데 중점을 뒀다. 강좌를 개설하고, 자체 공모전을 실시하고, 시상과 전시회까지 열었다. 사업을 진행하기 위해 마을 자원을 모으고 기획팀을 만들어 운영했다. 그 과정에서 문화에 관심 있는 마을 활동가들을 만나 새로운 네트워크를 형성하고 문화 자원을 확보하게 된 일이 가장 큰 성과다.

지자체 공모 사업을 진행하면서 겪은 가장 큰 어려움은 회계 정리와 보고서 작성이다. 세금이 들어가는 일인 만큼 재정 투명성은 당연히 필요하고 이런저런 서류도 작성해야 한다. 그런데 현실에 맞지 않는 기준을 제시하거나 지나치게 많은 서류를 요구해 사업을 진행하는 과정에서 적지 않은 스트레스를 받았다. 온라인 송금이면 충분한 증빙이 되는데 당사자 서명까지 따로 받아야 했다. 1000만 원 정도를 지출하는 데 준비할 서류만 수백 장이 넘었다. 사업 자체보다 증빙 자료를 처리하고 보고서를 작성하는 데 더 많은 품이 들었다.

2017년 9월 1일, 사람과공간은 강서구 노동복지센터의 운영 수탁자로 결정됐다. 지역에서 4년 동안 펼쳐온 노동 권익 증진 사업이 인정받은 셈이었다. 원래는 민주노총 서울본부 강서구지부하고 공동 수탁을 할 계획이었다. 그런데 강서구지부가 독립 법인 자격을 취득하지 못했고, 결정적으로 구청이 공지한 공모 서류에 공동 수탁 관련 서류가 빠진 바람에 협의를 거쳐 단독 응모했다.

자치구별로 설치되는 노동복지센터는 서울시 사업이다. 노동조합 조직률이 10퍼센트 수준이기 때문에 많은 취약 계층 노동자가 자기 권리를 보호받지 못하고 있다. 박원순 서울시장은 2011년 보궐 선거에서 민주노총 서울본부하고 협약을 맺어 취약 계층 노동자의 권익을 보호할 노동복지센터를 자치구별로 설치해 운영하기로 약속했다. 2011년부터 자치구에서 독자 운영되고 있던 서대문구와 구로구에 더해 서울시는 2012년 노원구와 성동구에 노동복지센터를 추가 설치하고 재정을 지원하기 시작했다.

그렇지만 노동복지센터 설치를 둘러싸고 여러 가지 잡음이 생기는 바람에 자치구별로 센터를 설치하는 사업은 잠깐 중단되고 허브 구실을 하는 서울노동권익센터가 설립됐다. 2017년 자치구 센터 설

강서구 노동복지센터 정책토론회 모습.

치 사업이 재개되면서 5개 자치구에서 추가로 센터가 설치됐다. 성북구, 강서구, 광진구, 관악구는 자치구 의회에서 설치 조례가 통과되지만 양천구는 부결됐다. 결국 양천구 센터는 2018년 지방선거 뒤로 설치가 미뤄졌다(2018년에 3개 센터가 추가 설치되면서 지금은 모두 12개로 늘었다).

자치구 노동복지센터는 자치구가 설치 계획과 운영 계획을 수립하고 공간을 제공하는 매칭 방식으로 추진됐다. 센터 설치가 확정되면 서울시는 4명의 인건비를 포함한 사업비 전액을 지원한다. 노원구는 추가로 1인의 인건비를 지원하지만, 나머지 자치구는 추가 재정은 지원하지 않는다.

노동복지센터는 노동 상담과 권리 구제, 노동 인권 교육을 기본으로 노동 환경과 노동 조건 관련 실태 조사, 강좌를 비롯한 문화 복지 서비스 제공, 노동 정책과 노동 권리 홍보 활동 등을 한다. 사실 대부분의 사업은 사람과공간이 진행하던 일들하고 별다르지 않다. 센터를 수탁해 인력과 재정을 지원받을 수 있게 됐고, 사업을 좀 더 체계 있고 규모 있게 진행하면서 공식성까지 확보할 수 있게 됐다. 2018년 9월에 수탁 주체인 사람과공간이 주최해 노동복지센터의 1년 활동을 평가하는 정책 토론회를 열었다. 비교적 우수한 활동을 했다는 평가를 받았다.

민관 협치, 그리고 시민협력플랫폼 참여

서울시가 추진하는 마을 공동체 역점 사업 중에 지역 거버넌스 구축이 있다. 지역 시민사회 네트워크를 구축해 시민사회의 역량을 강화하고, 이 강화된 역량을 바탕으로 민관이 협력해 지역 현안을 해결하자는 구상이다. 주민 자치 역량을 강화하고 행정을 혁신하겠다는 말이다. 서울시 자료에는 지역 시민사회 네트워크 구축은 '시민협력플

강서 시민협력플랫폼 제주 워크숍 참가자들.

워크숍 뒤 제주도에서 찍은 나만의 인생 사진.

랫폼' 사업으로, 민관 협력을 통한 지역 현안 해결은 '지역사회혁신계획'으로 제시됐다.

　각 사업은 사업비 지원에 연계돼 있다. 서울시가 인센티브를 제공하는 방식이다. 시민사회와 기초 지자체도 상대적으로 관심이 높다. 그렇지만 약은 때로 독이 되듯이 사업 취지보다는 사업비가 더 중요한 요소가 되면서 잡음을 일으키기도 한다.

사람과공간과 강서구 노동복지센터는 각각 강서민관협치위원으로 참여해달라는 요청을 받았다. 정부나 지자체가 만든 이런저런 위원회에 위원으로 참여한 적이 있지만 개별 사안에 국한됐다. 이번 요청은 지역 거버넌스 구축을 목표로 한다는 점에서 달랐다. 좋게 말하면 '지역 유지' 대접을 받는 셈이지만, 자칫 잘못하면 '들러리'가 될 수 있어서 고민을 많이 했다. 결론은 '일단 참여하자'였다.

양천과 강서에서 각각 시민협력플랫폼 구축에 관련된 논의가 진행됐고, 사람과공간도 참여를 요청받았다. 양천은 상대적으로 시민사회가 협동하고 연대하는 기운이 높고 자체 역량을 갖춘 편이라서 굳이 참여하지 않아도 된다고 생각했다. 반면 강서는 시민사회가 경쟁하는 구조라 참여를 머뭇거렸다. 상황만 따지면 강서가 더 절실했지만 본래 취지에 맞지 않는 흐름을 지켜보며 참여하지 않는 쪽으로 결정했다. 그러나 2년 차 사업을 앞두고 강서 시민협력플랫폼 재구성을 둘러싼 논의가 진행됐고, 나누어 있던 시민사회가 통합력을 키워보자는 의견이 모이면서 일단 발을 들여놓기로 했다.

여러 가지 사업이 지자체에 연계되면서 도움이 되는 면도 있고 어려움이 생기기도 한다. 제도 속으로 들어가려면 지금까지 지켜온 관행하고는 많이 다른 사업 방식이나 운영 방식이 필요한데, 어느 정도는 익숙해져야 한다는 요구를 받는다. 어디에서 균형점을 찾을지 고민이 안 될 수야 없지만, 일단 부딪치는 수밖에 없다.

14
진보 정치를 둘러싼 고민

한국 사회의 근본적인 변화를 고민하고 활동한 처지에서 보면 '정치 운동'도 주요한 사회운동 '영역'이다. 정치적 상황은 사회운동에도 많은 영향을 미친다. 따라서 제도 정치 또는 현실 정치 영역을 외면할 수 없다.

나는 개인적 성향 탓에 제도 정치나 현실 정치에는 거리를 두고 있다. '정치는 현실을 바꾸고 운동은 미래를 바꾼다'고 생각하는 나는 현실보다 미래를 바꾸는 데 관심이 더 많다. 제도 정치나 현실 정치에 참여하는 데 반드시 필요한 여러 가지를 감당할 자신이 없기 때문이기도 하다. 가끔 내가 노동조합주의자(생디칼리스트)가 아닐까 하는 생각도 한다. 노동조합을 통해 모든 사회 문제를 해결하려 하는 노동조합 만능주의자 말이다.

이런 생각을 하다보니 자연스럽게 진보정당 운동에도 거리를 두고 있었다. 한국 사회에서 가장 성공적인 진보 정당이라 할 수 있는 민주노동당 당원으로 가입한 시기도 다른 활동가들에 견주면 늦은 편이었고, 당비 내는 정도로 당원의 의무를 한정했다. 제도 정치는 이른바 '정치 운동' 전문가들이 더 잘한다는 생각이 앞섰고 노조에서 맡은 일도 많아서 진보 정당 활동에 참여한다는 생각은 전혀 하지 못했다. 다만 진보 정당이 잘되기를 바라는 마음은 늘 품고 있었다.

진보 운동 자체가 취약한 한국 사회에서 진보 정당이 뿌리를 내리는 일은 생각보다 힘겹다. 반공 이데올로기 탓에 운신의 폭이 좁고 선거 제도가 거대 기득권 정당에 유리한 조건에서는 더 그렇다. 민주노총의 '배타적 지지' 방침과 낮은 수준이지만 비례대표제가 도입된 덕에 민주노동당이 의회에 들어가는 쾌거를 거두기도 했다. 그렇지만 기쁨은 잠깐에 그치고 빠른 성장만큼이나 빠른 추락이 이어졌다. 분당과 통합을 거듭하는 진보 정당의 흥망성쇠를 짧은 시간에 경험했다. 나도 소속 정당을 몇 차례나 바꾸는 철새 당원이 돼야 했다.

정당은 이념과 노선에 따라 만들어지기 마련이지만 남북 분단과 반공 이데올로기가 기승을 부리는 한국에서 진보 정당이 사분오열되는 현실이 타당한지 의문이 들 수밖에 없다. 몇몇 사람이 의회에 진출하기는 했어도 한줌일 뿐인 진보 정치 세력이 노선과 이념에 따라 분리와 분열을 거듭해 더 작은 세력이 되는 선택이 과연 옳을까? 분리와 분열 때문에 풀뿌리 생활 정치를 표방한 진보 정당의 취약한 기반마저 붕괴하는 현상을 보면서 고민이 더 깊어졌다. 이런 현상이 벌어진 원인을 전문가들은 다양하게 해석하지만, 나는 취약한 토대에 주목했다. 뿌리만 튼튼하다고 줄기가 잘 자라고 열매가 잘 맺지는 않는다. 그렇지만 뿌리가 깊지 않은 나무는 바람에 쉽게 흔들릴 수밖에 없지 않을까?

노조가 사업장이라는 현장에 튼튼하게 뿌리를 내려야 하듯이, 진보 정당도 자기 기반이 있어야 한다. 계급이든, 세대든, 지역이든 말이다. 진보 정당이 발달한 해외 사례를 보면 대개 정당은 계급에 기반을 두기 마련이다. 한국 사회는 왜곡된 지역주의 때문에 계급에 기반한 정당, 특히 진보 정당이 성공하기가 무척 어렵다. 오죽하면 '존재를 배반한 의식'(노동자 계급이 자기의 이익을 부정하는 정당을 지지하는 현상)이라는 말이 있을까? 그래도 진보 정당이 성공하려면 다수의 이해를 대변해야 된다는 점에서 계급에 기반해야 한다고 생각한다. 지역 기반도 중요하다. 선거 제도가 지역 대표자 선출을 전제로 만들어져 있으며, 진보 정치는 직접 민주주의의 실현이라는 측면에서 무엇보다 지방자치의 활성화를 지향해야 하기 때문이다.

사람과공간에 앞서서 문을 연 다른 민중의 집들은 대부분 진보 정당을 기반으로 한 탓에 정치 상황, 특히 진보 정당의 분리와 분열에 큰 영향을 받았다. 상대적으로 노동조합이라는 대중 조직에 토대를 둔 사람과공간은 이런 영향을 덜 받았고, 오히려 분리된 진보 정당을 모아서 협업 구조를 만드는 구실을 할 수 있었다.

사람과공간은 강서구에 자리하고 나는 양천구에 산다. 나는 양쪽에 모두 발을 걸칠 수 있다. 그런 장점 덕에 초기에는 강서와 양천 지역 진보 정당의 지역 당협들을 만나 연석회의를 구성하고 분기별로 모임을 주선했다. 민주노동당 시절에 견주면 분리되고 분열된 진보 정당의 당세가 매우 취약했고, 감정의 골도 깊을 수 있어서 모임을 주도할 주체가 마땅치 않아 보였다. 그런 조건에서 보면 사람과공간과 무당적인 내가 적격이었다. 노동당, 녹색당, 정의당에 속한 활동가 20여 명이 모여서 의제를 선정해 토론도 하고 친목도 다지는 시간을 이따금 마련했다. 2016년 4월 총선이 끝나고 연 총선 평가 토론회가 대표적이다. 총선 결과를 분석하고 진보 정당이 할 일을 고민하는 유익한 자리였다.

아무래도 정당이 선거구 단위로 구성되고 활동하는 탓인지 연석회의는 생각만치 활발해지지 않았다. 시간이 지나면서 강서와 양천이 분리돼 모임이 만들어지고 필요할 때 다시 만나는 방식으로 진행됐다. 이른바 '따로 또 같이' 원칙이다. 정당에서 선거는 확실히 중요한 계기다. 평소에는 이렇다 할 활동이 없다가도 선거를 앞두고 출마자가 나오면 구심력이 강해진다.

2018년 지방 선거도 그랬다. 2014년 지방 선거에서는 두 지역에서 출마자가 한 명도 없었지만, 2018년 지방 선거에서는 두 지역에서 많은 출마자가 등장했다. 2018년 6월 지방 선거는 지역 수준에서 볼때 드물게 진보 정당 출마자가 많아서 관심을 끌었다. 당선인을 내지 못했지만, 양천구는 구청장과 구의원 출마자가 나오고 강서구는

2016년 5월 7일에 연 20대 총선 평가 토론회.

비례대표를 포함해 구의원 출마자가 4명이나 나왔다. 강서구 출마자 넷 중 셋은 정의당 후보였지만, 민중당 후보도 한 명 있었다. 안타깝게도 정의당 후보와 민중당 후보가 한 선거구에서 구의원 자리를 놓고 맞붙기도 했다.

6월 지방선거가 끝나고 진보 정당 출마자들을 모아서 지방 선거 평가 집담회를 열기로 했다. 평가 집담회를 계기로 진보 정당의 협업 체계에 관한 논의를 이끌어낼 생각이었다. 그런데 진보 정당의 상징인 노회찬 의원이 갑자기 운명했다는 비보가 전해지면서 7월로 예정된 평가 집담회가 연기됐다. 많은 사람들이 큰 슬픔에 빠졌다. 노회찬 의원이 당선한 곳은 서울시 노원구와 창원시이지만, 강서구와 노회찬 의원의 인연도 매우 깊다. 민주노동당 시절 노회찬 의원의 주요 활동 근거지가 강서구였고, 평생 동지인 김지선 여사는 창립 20년이

2018년 지방선거 평가 집담회.

된 서울강서양천여성의전화의 창립 멤버이자 초대 회장이었다.

8월 22일에 사람과공간에서 열린 '2018년 지방선거 평가 집담회'는 강서와 양천 지역 출마자가 모두 참석했다. 평소 토론이나 회의에서 꽤나 괜찮은 사회자 구실을 한다고 스스로 주장하는 내가 사회를 맡았다. 정성욱 '양천풀뿌리정치연대' 공동대표가 투표 결과를 분석한 뒤 6·13 지방 선거에서 주목을 끈 녹색당에서 발제를 했고, 이어서 모든 출마자가 나서서 소감을 발표하는 시간이 이어졌다.

평가 집담회는 두 가지 점에서 특이했다. 먼저 민중당에서 출마한 후보가 참여했다. 출마자를 초청한 모임이니 당연히 참여해야 한다고 생각할 수 있지만, 민중당이 진보 정당 지역 모임에 등장한 일은 처음이었다. 그동안에는 노동당, 녹색당, 정의당 활동가에 더해 시민사회 활동가들만 모였다. 다음으로 평가 집담회에 초청받지 않은 더불어민주당 소속 구의원이 참석했다. 조금 당혹스러웠지만 '찾아온 손님'을 내보낼 수 없어서 발언 기회를 똑같이 줬다. 몇몇 참석자는 평가 집담회 뒤에 이런 상황에 문제를 제기했다.

진보 정당 진영에서는 대체로 민주당을 자유주의 보수 정당으로 바라보는 반면 민주당 내부에서는 자기들을 진보 정당으로 분류하는 경향이 있다. 제도 언론이 보수 대 개혁 구도를 짜느라 민주당을 진보 정당으로 분류하는 탓도 적지 않다. 진보 정당이라는 개념은 적어도 탈자본주의 또는 신자유주의 체제를 넘어서려는 지향을 내세울 때 적합하다. 개혁적 요소가 있다고 하더라도 민주당을 진보 정당으로 규정하는 논리는 적절하지 않다.

진보 정치에 관련된 지역 모임은 강서와 양천이 함께하기도 했지만 결국 지역별로 나눠서 진행됐다. '강서진보정치연구모임'과 양천풀뿌리정치연대가 바로 그것이다.

강서 지역에서는 사람과공간 회원을 중심으로 강서진보정치연구모임이 만들어졌다. 정의당을 빼면 지역 단위로 당협을 운영하는 단위가 명확하지 않은 탓에 당을 기반으로 하지는 않았다. 녹색당, 노동당, 정의당의 당적을 가진 회원 5~6명이 모여 학습 모임을 만들었다. 한 달에 한 번 모여서 지역을 분석하고 의제를 중심으로 토론했다. 모임이 내세운 목표는 여러 선거에 나서는 진보 정당 출신 후보에게 도움이 될 자료를 만들고 지역 의제를 발굴하는 일이었다.

1년 넘게 모임을 하면서 여러 가지를 조사하고 토론하고 분석했지만 이렇다 할 성과는 못 냈다. 목표로 한 자료집도 만들지 못했다. 대부분의 구성원이 지역을 분석하고 의제를 설정해본 경험이 없고 직업 활동가도 아니었다. 그래서 만든 프로그램이 정치 강좌였다. 정치 운동을 향한 관심을 높이자는 취지에서 모임 구성원이 추천하는 강사를 초청해 강좌를 열기로 했다. 중앙 정치보다는 지역 정치의 관점에서 해야 할 준비와 활동에 집중했다. 되도록 지역 자원을 활용하는 방안을 찾았다. 먼 곳에 사는 유명 강사보다는 주변에서 함께 활동하는 사람을 강사로 불렀다.

'손 좀 보자, 동네정치'라는 제목을 붙인 이 정치 강좌는 예상보

'손 좀 보자, 동네정치' 웹자보.

다 많은 관심을 받았다. 20여 명이 참가해서 정치를 바꾸기 위해 뭘 할지, 지역에서 실천할 수 있는 생활 의제를 찾아보고 유권자의 선택이 반영되지 못하는 선거 제도를 바꾸는 일이 왜 중요한지 공부하고 토론했다. 강사비와 뒤풀이 비용을 모두 참가자들이 분담했고, 강의안을 모아 자료집도 만들었다. 구체적인 프로그램이 있어야 논의가 활발해지고 모임도 활기를 띤다.

양천풀뿌리정치연대

양천풀뿌리정치연대(양풀)는 강서지역진보정치연구모임에 견주면 오래되고 구성도 다양하다. '모임'보다는 '연대'라는 이름에서 포괄하는 범위가 넓다는 점도 알 수 있다. 양천은 평소에 지역 차원의 협업과 연대 활동이 활발했는데, 2014년 지방 선거를 계기로 지역 수준의 모임과 활동이 벌어지다가 선거 뒤에는 시들해졌다. 조직 체계를 제대로 갖추지 못했고, 주도 세력이나 인물이 명확하지 않았다.

2016년 4월 총선과 촛불 항쟁을 거치면서 지역 사회를 변화시키려면 2018년 지방 선거에 개입해야 한다는 공감대가 확산됐다. 2016년 7월부터 본격적인 논의를 시작한 모임은 석 달 뒤인 10월 6일에 양천풀뿌리정치연대 출범식을 열 수 있었다. 노동당, 녹색당, 정의당의 지역 활동가와 당적은 없지만 지역에서 활동하는 시민사회 활동가 20여 명이 참여했다. 조직 체계를 갖추고 10만 원씩 기금도 모았으며, 나름대로 사업 계획도 수립했다.

거창하지는 않더라도 모임이나 단체를 만들 때는 뭔가 목적과 목표가 있다. 그렇지만 전담할 인력과 재정을 확보하지 못한 네트워크형 조직은 시간이 지나면 활동이 약화되기 마련이다. 양풀도 정식으로 출범식을 연 뒤 구의회를 감시하고 여러 지역 현안에 관해 의견을 내는 등 한동안 활발히 움직였지만, 다들 할 일이 너무 많은 탓인지 점점 구심력이 약해지기 시작했다.

2017년 여름을 지나 하반기로 넘어가는 시점에 1년 앞으로 다가

총회를 하고 있는 양천풀뿌리정치연대.

온 2018년 지방 선거에 관한 논의가 시작됐다. 지방 선거에 출마하려는 활동가가 등장한 때문이었다. 정당과 정치 활동은 선거가 중요한 계기가 되며, 후보가 있을 때 활성화된다. 다양한 정치 의제에 관심을 두고 활동하지만 현실 정치는 결국 선거로 연결될 수밖에 없다. 출마 희망자가 등장하면서 지방 선거에서 진보 정치인을 만들어보자는 욕구가 모이기 시작했다. 지난 경험을 돌아보고, 지역을 분석하고, 의제를 정리하는 논의가 이어졌다. 구청장 후보와 구의원 후보를 정의당에서 추천했고, 양풀은 내부 논의를 거쳐 이 제안을 승인했다.

아쉽게도 선거 국면에서 양풀은 큰 구실을 하지 못했다. 워낙 민주당 바람이 강하게 몰아쳐서 당선 가능성이 낮았고, 단일한 정치적 지향을 지닌 집단도 아니었으며, 무엇보다 네트워크형 조직은 한계를 지닐 수밖에 없었다. 그렇지만 양풀의 활동과 2018년 지방 선거

참여는 지역에서 하는 진보 정치, 진보 정당 활동에 관해 고민하고
교훈을 얻는 계기였다. 진보 정치가 갈 길은 여전히 멀다.

15
중장기 전망을 모색하다

모든 유기체는 생로병사의 과정을 거친다. 조직도 하나의 유기체라고 할 때 똑같은 과정을 겪기 마련이다. 어떤 조직이든 시작할 때는 높은 기대와 적지 않은 긴장감을 갖는다. 생존이 목표이기 때문이다. 그렇지만 시간이 지나고 어느 정도 안정기에 들어서면 정체되기 시작한다. 어찌 보면 매우 자연스러운 과정이다. 문제는 관성화와 관료화다. 때로는 애초의 목적이나 목표를 잊고 생존 자체가 목적이 되기도 한다. 이런 사태를 피하려면 끊임없이 혁신해야 한다. 세상은 언제나 새로운 과제를 던지고, 우리 인생은 늘 도전에 직면한다.

집담회와 정세 토론

사무실을 마련하고 설립 총회와 개소식까지 마치고 난 뒤 여러 프로

민중의집 발전을 위한 집담회를 하는 회원들.

그램이 운영되기 시작했다. 집들이 행사 격인 초청 밥상도 여러 번 진행했다. 많은 조언을 해준 다른 민중의집 운영자들도 초청했고, 지역의 노조나 마을 단체들을 초청해 사람과공간을 소개하는 밥상 모임도 진행했다. 아주 많은 일들이 짧은 기간에 진행돼 조금 벅차기도 했다. 어느 정도 숨을 돌리고 여유를 찾으면서 '민중의집 운동'을 고민하는 집담회를 열었다. 사실 집행부도 '민중의집 운동'에 관한 깊은 논의와 토론을 제대로 못한 채 너무 급하게 달려왔다.

설립 총회 뒤 네 달이 지난 2014년 7월 10일에 연 '강서양천민중의집 사람과공간 발전방안을 위한 집담회'는 처음으로 '민중의집 운동'에 관한 고민을 진지하게 나눈 자리였다. 구로 민중의집의 강상구 대표를 초청해 선배로서 겪은 경험과 민중의집 운동의 전망을 다룬 강의를 들었다. 강상구는 한때 10년 안에 민중의 집 1000개를 만들면 한국 사회를 근본적으로 바꿀 수 있다고 역설한 주인공이었다.

2015년 초에는 지역 사회에서 흔치 않은 일을 또 하나 벌였다. '우리끼리 하는 정세 토론'이었다. 노동조합 상급 조직이나 전국 수준의 시민사회단체는 해마다 연초가 되면 이른바 '정세 분석'을 한다. 한 해에 할 사업을 결정하기 전에 상황을 진단하고 추진해야 할 사업의 근거를 마련하는 자리다. 노조 상급 단체에서 정책 기획 업무를 10여 동안 한 내게 아주 익숙한 작업이다. 지역에서는 이런 기획과 논의를 한 경험이 없었다. 익숙하지 않고 전문가도 아니지만, 함께 활동하는 사람들이 일을 나누고 자료를 찾아서 정세 토론을 하는 자리를 마련했다. 그것도 세 차례나 진행했다. 어디에나 숨겨진 진주가 있고 재야의 고수가 산다. 처음 만든 자리지만 생각보다 준비가 잘됐고, 논의도 재미있게 이어졌다. 참가자들 모두 신선하다는 평가를 내렸다.

대부분의 사회운동이 중앙 중심으로 진행되면서 기획은 중앙이 하고 지역은 단순히 집행만 하는 경향이 있다. 그러다 보니 지역이 독자적인 고민을 하기가 쉽지 않다. 물론 지역은 늘 자원 부족에 시달려서 이것저것 시도할 여력이 없는 탓도 있다. 새로운 시도이고 신선하다는 평가도 받았지만, 안타깝게도 계속 이어지지는 못했다. 내가 챙겨야 할 일이 너무 많았고, 지나치게 많은 일을 벌인다는 주변의 볼멘소리도 무시할 수 없었다.

다른 지역 거점 방문하기

2년 차인 2015년에는 지역 거점을 만들어 지역 운동을 하는 곳을 벤치마킹하려고 방문 조사를 다녔다. 1년 동안 운영한 경험이 쌓이면서 다른 곳하고 비교할 만한 근거가 생겼고, 앞선 이들의 경험을 살피면 아무래도 도움이 될 수 있다는 기대도 했다. 물론 시작하기 전에도 많은 조언을 구했지만, 1년 동안 운영한 경험은 다른 시각에서 접근할 수 있는 눈을 만들어줬다. 정확한 질문은 문제 해결의 첫걸음이다. 제대로 질문하려면 상황을 충분히 이해해야 하고 무엇이 필요한지를 알아야 한다. 질문을 보면 질문자가 상황을 제대로 이해하는지 알 수 있으며, 질문자가 지닌 '내공'도 확인할 수 있다.

동종 업계인 마포, 구로, 인천서구 민중의집은 물론 마포의 '우리 동네 나무그늘'과 영등포의 카페 봄봄을 들렀다. 나 혼자 가기도 하고, 집행부가 집단 방문을 하기도 했다. 방문 조사 결과를 메모하면서 보고서를 작성해 공유할 생각이었는데, 차일피일하다가 못하고

아침 일찍 문을 연 우리동네 나무그늘.

말았다. 되도록 서울이 아닌 지역도 조사하고 싶었지만, 그렇게 하지 못했다. 아쉬운 일이다.

　마포에 있는 우리동네 나무그늘은 2011년 윤성일(지금은 마포경제공동체 모아의 대표를 맡고 있다)이라는 진보 정당 활동가가 주도해서 만든 지역 거점 공간이다. 원래는 '카페 나무그늘'로 시작했다가 2013년에 '우리동네 나무그늘 협동조합'으로 전환했다. 윤성일은 해체되는 공동체에 위기의식을 느껴 청년들이 주민하고 가까운 곳에서 호흡하며 대안을 이야기하는 공간을 만들었다고 한다. 나무그늘은 사람과공간하고 다르게 지역 주민을 만나기 좋은 곳에 자리하고 있었고, 무엇보다 카페를 겸하는 점이 특징이었다. '판매와 영업'을 하는 곳이었다. 커피 등 음료는 물론 술과 안주도 팔았고, 매니저와 아르바이트 직원도 있었다. 수입 구조가 안정돼 있었지만, 상대적으로 카페 기능이 더 커 보였다. 물론 단순히 '영업'만 하는 곳은 아니었다. 여러 모임을 만들어 운영하고 마을 공동체 활동에도 참여했다. 모임 활동이 잘 진행될 수 있게 카페 안에 알맞은 모임 공간을 꾸며 운영하고 '숍 인 숍' 개념을 끌어와 마을 공동체에서 생산한 물건을 팔기도 했다. 오전 10시에도 서너 팀이 차를 마시며 이야기하고 있었다. 주로 저녁에 모임을 하는 사람과공간하고 달랐다.

영등포에 있는 카페 봄봄도 방문했다. 이곳은 '서울광장'이라는, 노동(자)운동을 하는 활동가 그룹이 만든 지역 커뮤니티 공간이다. 원래는 서울광장의 사무실이었는데, 격렬한 내부 토론을 거쳐 지역을 기반으로 한 노동 인식 개선과 노동과 마을의 합체를 중심으로 삼아 활동 방식을 바꾸기로 하고, 사무실을 카페로 바꿨다. 노동자를 주요 대상으로 사업을 벌이고 마을 공동체 활동에도 적극 참여한다는 점에서 사람과공간하고 콘셉트가 비슷했다. 이름에서 알 수 있듯이 이곳도 카페 기능을 하고 있었다. 그렇지만 마포의 나무그늘에 견주면 비중은 그리 크지 않았다. 카페 봄봄에서는 '요일 매니저' 제도가 가장 인상적이었다. 요일별로 운영 책임자인 매니저가 달랐고, 매니저는 카페 운영뿐 아니라 그날그날 열리는 소모임도 책임졌다. 덕분에 카페 봄봄에는 아주 많은 소모임이 운영되고 있었다. '누구나 강사'라는 취지 아래 여러 강좌와 모임이 진행되는데, 요일 매니저가 그런 일들을 관리했다. 상근자를 여럿 두기 어려운 재정 상황에서 비롯된 방식이었지만, 오히려 상근자 한두 명에 좌우되는 폐단을 없애고 조직적인 관리를 할 수 있다는 측면에서 내게는 장점으로 비쳤다.

사람과공간도 여기에서 아이디어를 얻어 2017년에 요일별 매니저 제도를 시도했다.

또한 카페 봄봄은 서울광장이라는 조직이 운영 주체라는 점에서 사업과 운영이 다른 곳에 견줘 훨씬 더 잘되고 있었다. 사회운동에도 적극 참여했다. 트럭을 사서 밥차로 개조한 뒤 다양한 연대 활동에 활용했는데, 박근혜 탄핵 촛불 항쟁이 진행되는 동안 그 밥차를 이용해 촛불 시민들에게 음료수를 나눠주기도 했다. 두유에 붙인 '그만두유'라는 라벨은 몇몇 미디어의 주목을 받기도 했다.

정체성 찾기와 중장기 전략 마련하기

2016년, 운영 3년 차에 들어서면서 새로운 고민이 시작됐다. 몇 차례 논의와 이런저런 시도를 통해 사람과공간의 정체성을 세우려 고민했지만 단순하고 명쾌하게 정리하지는 못하고 있었다. 또한 지속가능성도 점점 더 고민이 됐다. 임대료 부담과 '공간 이전'에 대비할 때가 됐다고 생각했다. 상가 임대차 관련법에 따르면 법으로 보장받을 수 있는 임차 기간은 5년이다(얼마 전 법이 개정돼 10년으로 늘어났다). 미리 준비하지 않으면 나중에 아주 어려운 상황에 부딪칠 수도 있다는 객관적 조건은 물론 늘 다음을 생각하고 준비하는 내 성격과 경험도 크게 작용했다.

2016년 3월에 열린 정기 총회에서 '조직발전 특별위원회'를 꾸렸다. 특위는 '정체성 정립'과 '중장기 발전 전망 모색'을 주요 임무로 삼았다. 그렇지만 직장인 중심으로 구성된 특위는 잘 운영되지 못했다. 술자리가 여러 차례 이어지면서 인간관계는 돈독해졌지만 방향을 잡지 못했다. 과제가 너무 추상적이었다. 그래서 검토된 안건이 내가 제안한 (가)민중회관 건립이었다. 특위는 (가)민중회관 건립을 추진할 필요성과 실현 방안을 논의해 간략한 보고서를 만들고 임무를 끝냈다. 보고서 내용은 2017년 총회에 보고됐고, 필요성이 인정돼 (가)민중회관 건립을 추진하기 위한 '기획단'을 꾸려 구체적인 방안을 마련하기로 결정했다.

상임대표 3년 임기를 끝낸 나는 더 맡아달라는 주변의 요구가 적지 않았지만 여러 가지를 고려해 자리를 내려놓기로 했다. '창업자'라서 권한이 너무 커지고 의존도가 높아지면 오히려 바람직하지 않다는 생각도 있었다. 선배 세대가 적당한 시점에 빠져야 다음 세대를 키우고 자생력을 높일 수 있다. 상임대표를 그만둔 대신 2017년 총회에서 내린 결정에 따라 만들어진 (가)민중회관 건립추진기획단 '단장'을 맡기로 했다. 건축업과 금융업에서 일하는 회원들을 포함해 구성된 기획단은 특위가 제시한 (가)민중회관을 구체화하는 방안을 마련하느라 집중적인 조사와 논의를 진행했다. (가)민중회관의 상을 정하고, 비슷한 시도를 한 사례를 조사하고, 규모에 맞는 재정을 산출하고, 후보 지역의 건물을 살피고, 재원 조달 방안 등을 검토했다.

마포에 있는 '시민공간 나루'와 '구로시민센터'를 직접 찾아가 이야기도 들었다. 이야기를 진행하면 할수록 더 절실해졌지만 재원이

집담회에서 공간 전략을 설명하는 나.

주는 부담도 커져만 갔다. 처음에 20억 원 정도에서 시작한 재원 규모는 희망 사항을 모아서 건물을 설계하니 40억 원이 필요하다는 결론에 이르렀다. 어찌 보면 단돈 1원 한푼 없는 상황에서 40억 원이나 드는 건물을 짓겠다는 계획이 무모한 짓이 아닐까 하는 생각도 들었고, 이런 프로젝트를 감당할 수 있을까 하는 회의감도 들었다. 그렇지만 중장기 전망을 마련하기 위한 새로운 목표를 제시한 처지에서 후퇴라는 선택은 자존심이 허락하지 않았다. 다만 이 정도 프로젝트는 혼자 책임질 수 있는 수준이 아니라는 판단은 확실하게 들었다. 모든 구성원의 힘과 지혜를 모으지 못하면 실패는 당연할 뿐 아니라 '독박'만 쓰게 될 수 있다는 생각이 머릿속을 맴돌았다.

조사와 논의 결과를 모아서 보고서를 꾸미고 설명 자료도 만들어서 운영위원회와 2018년 정기 총회에 보고했다. 그리고 프로젝트를 함께 추진할 단위에 직접 설명하는 자리를 마련했다. 이런 논의를 바탕으로 2018년에는 강서아이쿱생협, 서울강서양천여성의전화 등하고 함께 '(가)민중회관 추진위원회 준비모임'을 구성해서 프로젝트의 실현 가능성을 점검하고 구체적인 추진 방안을 논의했다.

한편 5년째를 맞이한 사람과공간은 지난 5년을 평가하고 새로운 5년의 목표를 세우는 집담회를 두 차례 열었다. 집행위원과 운영위원을 중심으로 진행된 집담회는 새로운 전망과 목표를 이야기하기보다는 지난 시간을 평가하는 형태를 띠었다. 사람과공간이 지역사회에 빠르게 자리잡고 지역 시민사회의 허브로 기능하고 있다는점을 확인하고, 많은 노동조합의 적극적인 참여가 이런 성과를 만들어내는 데 결정적 구실을 한 사실을 공유했다.

운영위원회가 사실상 지역 네트워크 기능을 하고 있는데, 집담회에 참여한 운영위원 중 많은 수가 민중의집 운동을 다르게 이해하고있다는 사실이 확인됐다. 그래서 집담회는 지난 5년 동안 거둔 성과를 확인하는 동시에 민중의집 운동이 지니는 의미를 논의하는 데 집중됐다. 새로운 5년의 전망이 (가)민중회관 건립에만 집중된 점은 아쉬웠다. 나는 이제 기반을 마련하는 단계를 넘어 지역 사회 혁신을 주도하는 단계로 나아가야 한다고 생각했다. 그래서 사회적 경제를 매개로 한 지역 경제 공동체를 추진하고 2022년 지방 선거에 적극 개입해야 할 필요성을 강조했지만, 깊이 있는 논의가 진행되지는 못했다.

16
민중회관을
세우자는
도원결의

사람과공간이 문을 열고 본격적인 활동을 시작한 지 5년이 지났다. 활동 시간이 축적되면 긍정적 측면과 부정적 측면이 드러나기 마련이다. 사람들 사이의 갈등도 생긴다. 특히 협업의 경험도 없고 인연도 없던 사람들이 모여서 일하다 보면 사람 사이에 문제가 생기지 않을 수 없다. 다행스럽게도 작은 문제는 있었지만 큰 갈등을 겪지는 않았다. 함께하는 사람들 대부분이 모두 착하고 서로 노력한 덕도 있겠지만, 상근자가 별로 없던 점도 이유가 아닐까 생각한다.

우리 건물에 우리 공간을

재정 면에서 사람과공간은 여전히 어렵다. 해마다 후원 주점을 열어야 하고, 여기저기서 도움도 받는다. 그런데도 앞으로 5년, 아니 10년을 준비하려 한다. 지금 닥친 문제를 해결하는 데 급급하다가 오히려 더 근본적인 문제를 놓칠 수 있기 때문이다. 왜 민중의집 운동에 주목했고, 무슨 생각으로 사람과공간을 만들었고, 사람과공간을 통해 무엇을 하려 했는지를 물으면서 현재를 진단하려 했다. 구성원들이 현실에 지치지 않고 전망과 목표를 공유함으로써 한걸음 앞으로 나아갈 수 있는 새로운 추동력을 만들려는 목적도 있었다.

사람과공간을 운영하면서 직면하는 가장 어려운 문제는 돈이다. 그중에서도 공간 임차비가 가장 큰 부담이다. 다른 건물에 견줘 낮은 편인데도 연평균 3000만 원, 5년 동안 1억 5000만 원 정도였다. 어마어마한 돈이다. 사람과공간만이 아니라 시민사회운동을 하는, 아니 한국 사회에서 살아가는 노동자와 서민들은 바로 이 부동산 때문에 가장 큰 고통을 받는다. 조물주 위에 건물주가 있다는 우스갯소리는 결코 우스갯소리가 아니다. 궁중족발 사태 같은 건물주의 '갑질'이 이따금 언론의 주목을 받지만, 이런 사례는 빙산의 일각일 뿐 대부분의 한국인은 이 문제에서 자유롭지 못하다.

공간을 유지하려면 높은 임대료는 물론 계약 기간 연장 문제도 해결해야 한다. 임대료 문제가 사회적 쟁점이 된 결과 이제 임대료 인상 상한선을 법으로 규제(2019년부터 9퍼센트에서 5퍼센트로 낮아진다)하고 임대 기간도 보장(2019년부터 5년에서 10년으로 늘어난다)하고는 있다. 문제는 5년째가 된 사람과공간은 임대료뿐 아니라 이전을 고민하지 않을 수 없는 상황이라는 점이다. 이사 비용과 인테리어 비용도 수천만 원이 넘는다. 그동안 그 공간이 형성해온 무형의

	임대 면적	보증금	월세	특징
마포 민중의집	54평	4000만 원	300만 원	
마포의료생협	40평	3000만 원	450만 원	역세권
우리동생(동물병원생협)	60평	1억 원	350만 원	단독 주택 1~2층
소계	154평	1억 7000만 원	1100만 원	

자산은 제외하고 말이다. 운영 과정에서 생기는 재정 적자도 만만치 않은데 수천만 원의 이전 비용을 길어도 5년마다(또는 10년마다) 다시 만드는 일은 무척 어려운 과제일 수밖에 없다.

한국에서 민중의집 운동을 처음 시작한 마포 민중의집 정경섭은 자칭 타칭 스티브 잡스라는 별명처럼 다양한 사업 아이디어를 만들어 사회운동에 접목하는 놀라운 능력을 보여줬다. 마포 민중의집에 이어 '마포의료생협'이 출범하는 데 주도적인 구실을 했으며, 국내 최초인 동물병원생협 '우리동생'을 설립했다. '펫미'라는 반려동물 사료 공급 회사를 만들어 여러 생협에 납품하고 있으며, 휴대폰 판매에 윤리적 소비 개념을 도입하기도 했다. 지금도 여전히 새로운 사업을 구상하고 있다.

그런 정경섭이 관여하는 마포 민중의집과 마포의료생협, 우리동생의 임차비를 알아보니 월 1100만 원(2017년 1월 기준), 연간 1억 3200만 원이나 됐다. 이 정도 금액은 현재의 금리 수준에서 30~40억 원을 대출할 때 부담하는 이자하고 비슷한 수준이다. 30~40억 원이면 웬만한 건물을 하나 사들이거나 새로 지을 수 있다. 그렇다. 차라리 건물을 사거나 짓자! 문제는 30~40억 원을 대출받기가 쉽지 않다는 점이다. 시민사회단체가 담보물을 소유한 사례는 아주 예외적이고, 은행이 신용 대출을 해줄 가능성도 거의 제로에 가깝다. 문제가 터지면 해결하고, 새로운 구상이 생기면 실현할 방안을 찾아야 한다. 당연히 여러 사람의 지혜를 모으는 일이 중요하다. 전문성을 지닌 회원들을 중심으로 기획단을 구성하고 (가)민중회관 건립 방안을 이야기하기 시작했다.

기획단은 먼저 건물의 쓰임새를 상상했다. 지하에는 공연장과 공방을 둬 지역 주민들이 문화를 직접 생산하고 소비할 수 있는 기회를 마련한다. 청소년이 자유롭게 춤과 노래를 즐길 수 있는 공간이 돼야 한다. 요즘 유행하는 코인 노래방을 들여놓아도 좋을 듯하다. 1층과 2층은 편의점, 카페, 주점, 식당, 의료생협, 지역아동센터 등 임대 또는 수익 사업을 하는 공간이다. 대출 원리금을 상환해야 하기 때문에 높은 임대료를 기대할 수 있는 1~2층은 외부에 임대하면 좋겠다. 협동조합 등을 만들어 직접 경제 사업을 하면서 일자리를 만드는 방식도 고민할 수 있다. 3층은 대회의실과 소회의실이다. 대규모 회의 공간은 반드시 필요하지만 가장 효율성이 떨어진다. 그렇지만 여러 단체가 쓰면 회의실도 회전율이 높아질 수 있고, 가벽(폴딩 도어) 등을 활용하면 작은 회의실 여러 개로 나눌 수도 있다. 4~5층은 여러 사무실과 편의 시설이 자리한다. 개방형으로 만들어 입주 단체들이 분리되지 않고 협업하기 좋은 구조를 설계해야 한다. 상근자가 5명을 넘는 지역 단체는 거의 없기 때문에 공간을 이렇게 배치할 수 있다. 옥상

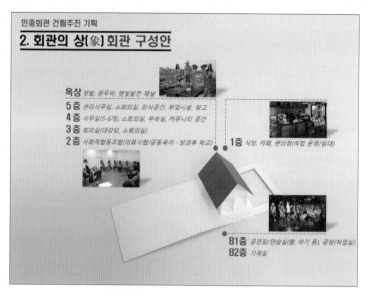

민중회관을 상상하다. 이런 민중회관이 필요해!

100여 년 전에 세워진 이탈리아의 민중회관(CASA DEL POPOLO).

에는 햇빛발전소와 텃밭을 둬 친환경 건물로 만든다.

상상을 설계도로 구체화하면서 도움이 될 만한 사례를 조사하기 시작했다. 먼저 마포에 있는 시민공간 나루를 찾아갔다. 우리하고 비슷한 구상에서 출발했지만, 여성민우회, 녹색교통운동, 함께하는 시민행동, 환경정의 등 전국 단위 시민단체 여러 곳이 참여해서 그런지 다른 점도 많았다. 시민단체 공동 소유이기는 하지만 층별로 단체가 나뉘어서 건물만 함께 쓸 뿐 사업과 활동은 공유하지 못하고 있다는 인상을 받았다. 구로시민센터에도 찾아갔지만 공간 공유 개념은 없었다. 우리들이 하는 구상하고는 거리가 멀었다. 그러다 광진주민연대가 마련한 '공유공간 나눔'을 만났다. 내가 가진 구상하고 비슷한 점이 많았다. 자료를 조사하면서 어떻게 이런 선진적인 고민을 길게는 20년 전부터 했을까 하고 놀랐다. 더 놀라운 점은 이런 구상을 현실로 만들었다는 사실이다. 존경스럽기도 하고 부럽기도 했다.

조사 결과를 바탕으로 여러 가지 쟁점을 논의하기 시작했다. 건물을 사서 리모델링하는 방식보다는 신축이 바람직하다는 의견이 많았다. 리모델링을 하게 되면 임차인을 내보내야 하는데 자칫 갑질이 될 수 있고, 단체들이 동시에 입주하기도 거의 불가능하기 때문이다. 건물 규모는 건폐율과 용적률 등을 생각해 대지 330제곱미터(100평), 지하 2층, 지상 5층으로 정했고, 토지 구입비와 건축비로 37억 5000만 원이 나왔다. 아이디어 수준에서 회관을 만들어보자는 의견이 나온 때만 해도 20억 원 수준으로 생각한 비용이 거의 두 배로 늘어났다. 지역 시민사회단체들이 컨소시엄을 구성해서 대출을 포함한 독자 재정을 만드는 방법, 지자체 매칭 방식으로 추진하는 방법, 외부 투자를 유치하는 방법 등을 검토했다.

어느 것 하나 쉽지 않았다. 운영위원회와 정기 총회에서는 대부분 필요한 이야기라고 공감했지만 염려하는 말도 많았다. 워낙 큰 돈이 들어가기 때문이다. 예상한 반응이었다. 그렇지만 함께 꾸는 꿈은 현실이 된다고 하지 않던가. 시간이 지나면서 점차 공감하는 사람이 늘어나고 있다. 강서아이쿱생협은 내부 논의를 거쳐 일정 금액을 출자할 수 있다는 뜻을 전해왔다. 서울강서양천여성의전화 대표도 창립 20주년을 맞아 장기 전망을 마련하는 과정에서 논의를 해보겠다고 밝혔다. 남서여성민우회 대표도 고민을 해보겠다고 말했다. 빵과그림책협동조합은 적극적인 참여 의사를 밝혔다. 사람과공간의 보증금을 무상으로 빌려준 신길수추모사업회도 참여할 예정이다. 이렇듯 논의에 참여하려는 단체도 한두 곳씩 늘어나고 있지만 사정이 마냥 긍정적이지는 않다. 갈 길은 여전히 멀다. 서울강서양천여성의전화와 남서여성민우회는 내부 여건 때문에 참여하기가 어렵다고 알려왔다.

시민자산화의 길로

우연한 기회에 우리하고 비슷한 고민을 하는 곳이 생각보다 많다는 사실을 알게 됐다. 새로운 플랫폼 기능을 담고 지속가능성을 확보해야 한다는 절박함 때문에 공유 자산으로 (가)민중회관을 세울 방법을 고민했는데, 이미 '시민자산화'라는 개념 아래 관련 사업들이 추진되는 중이었다. 사회적 경제 단위와 지역 시민단체들이 시민자산화에 기반한 공간을 마련하려는 시도를 하고 있고, 마을 공동체 운동을 주요 사업으로 설정한 서울시에서도 지원 방안에 관련된 논의가 진행되고 있다고 알려졌다.

주거 복지 사업을 하는 (사)나눔과미래는 주목할 만한 단체였다. 사회적 경제를 비롯해 여러 사회운동에 참여하는 송경용 신부가 이사장으로 있는 (사)나눔과미래는 시민자산화사업팀을 만들어 시민자산화 사업을 지원하고 있다. (가)민중회관 건립을 검토하면서 부딪친 가장 큰 고민은 돈이지만, 돈에 못지않은 고민이 법이다. 대출을 해야만 하는 상황에서 명의자를 정하는 문제, 한 개인이나 특정 단체의 소유가 아니라 공유라는 문제를 법으로 해결하는 문제는 꽤나 어려웠다. 자산을 소유한 경험이 별로 없고 자본주의적 거래나 소유에 익숙하지 못한 사람이 많기 때문이었다. (사)나눔과미래의 시민자산화사업팀은 이런 문제를 해결하는 데 도움을 줄 역량을 갖추고 있었다. 천군만마를 얻은 느낌이었다. 우리가 2년 가까이 이야기한 내용보다 훨씬 더 많은 정보와 지식을 갖추고 있었다. 길은 있다. 지금은 없어도 누군가 걸어가면 길이 된다.

(사)나눔과미래는 2018년에 사회적 부동산 공유 프로젝트인 리커머닝(RE:COMMONING) 사업을 진행했는데, 프로젝트에 선정된 단체 중에 '해빗투게더협동조합(Have It Together)'이 세운 계획이 우리가 하는 고민하고 매우 비슷했다. 해빗투게더협동조합은 마포에

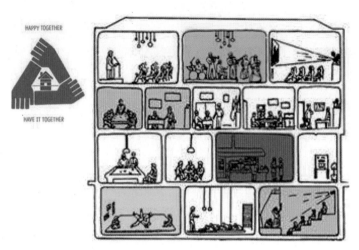

HAPPY TOGETHER

HAVE IT TOGETHER

그림으로 상상해보는 민중회관.

서 활동하는 우리동네나무그늘협동조합, '삼십육쩜육도씨'(의료생활협동조합), '홍우주'(홍대앞에서 시작해서 우주로 뻗어나갈 문화예술사회적협동조합)가 힘을 합쳐 시민자산화를 추진하려고 만든 협동조합이다. 2016년 5월, 시민자산화 스터디 모임에서 시작해서 8명이 모여 발기인 대회를 치르고 공유 자산을 만들 종잣돈을 모으고 있다. 500명이 100만 원씩 출자해서 5억 원의 종잣돈을 마련할 예정인데, 출범 한 달 만에 4700만 원을 모았다(사단법인 나눔과 미래, 〈사회적 부동산 공유프로젝트 RE:COMMONING 사례보고서〉, 2018). 비슷한 생각을 하고 이미 앞서가는 곳이 있으니 우리가 결코 무모하지 않다는 생각을 하게 된다.

(가)민중회관을 공동으로 짓자는 구상은 필요에서 출발하지만

더 중요한 가치가 있다. 바로 공동의 가치 지향을 만들어내는 매개체라는 점이다. 지역 사회를 혁신하고 주민 자치를 실천하는 진보적 공동체를 구축하는 과제는 혼자 할 수 있는 일이 아니다. 지역 시민사회가 공동의 가치 지향을 만들어내고 사안별로 연대하는 수준을 넘어서 일상적인 공동 행동을 만들어내려면 거기에 적합한 수단과 과정이 필요하다. 설사 (가)민중회관을 공유 자산으로 만들어내지 못하더라도 이런 논의를 하는 과정 자체가 자산으로 축적될 수 있다.

현대 자본주의는 이윤, 이자, 지대가 자본 축적의 원천이다. 특히 이윤과 이자가 주요한 구실을 한다. 그렇지만 부동산에 기반한 자산 경제의 특성을 보이는 한국에서는 지대가 자본 축적의 핵심 원천일지도 모른다. 한국 사회가 근본적으로 바뀌려면 부동산과 토지 문제를 가장 먼저 해결해야 한다는 생각이 점점 더 커진다.

좀더 근본적으로 생각하면 사회운동도 소유 문제를 고민해야 한다. 자본주의는 생산수단의 사적 소유에 기반한 사회 체계다. 사적 소유 때문에 발생하는 빈곤과 불평등을 극복할 대안으로 사회적 소유를 제기하는 사회 체계가 있다. 그런데 사회적 소유가 국가 소유로 제한된 결과 현실에서 실패한 국가사회주의를 우리는 이미 확인했다. 철도나 발전소 같은 대규모 장치재를 비롯한 기반 시설은 어쩔 수 없이 국유를 선택할 수도 있지만, 다양한 사회적 소유 형태를 찾아내고 공공재의 공유를 확산하는 일은 탈자본주의적 지향을 실현하는 과정에서 매우 중요한 의미를 지닌다.

17
되돌아보기와
한발 더
나아가기

사람과공간이 어느 정도 자리를 잡아가면서 이름이 조금씩 알려지자 가끔 강의를 해달라거나 토론회에 와달라는 요청을 받는다. 설립 배경과 과정, 운영 상황 등을 듣고 싶다는 부탁이다. 주로 노동조합 상급 단체나 진보 정당의 지역 당원협의회들이다. 민중의집 운동이 확산되기를 바라는 나로서는 아주 반가운 일이 아닐 수 없다. 얼마 전에는 서울시가 시작한 자치구 노동복지센터가 확산되면서 사람과공간이 수탁해 운영 중인 강서구 노동복지센터에 관련해서도 이런 요청을 받는다. 나는 자연스럽게 지역 거점인 사람과공간과 노동복지센터를 연계해서 설명한다.

강의 또는 설명을 하면 이런저런 질문도 받게 되는데, 대개 사람과공간이 빠르게 안착한 배경에 집중된다. 상근 인력이 별로 없는데 어떻게 그렇게 많은 사업을 할 수 있는지, 재정은 어떻게 조달하는지도 궁금해한다. 처음에는 따로 고민하지 않은 탓에 그때그때 생각나

는 대로 대답했다. 시간이 지나면서 자주 받는 질문에는 미리 대답을
준비하게 됐다.

되돌아보기 ― 사람과공간이 살아남은 여섯 가지 이유

첫째, 사람과공간은 대중 조직인 노동조합에 토대를 뒀다. 다른 민
중의 집들은 정도 차이는 있지만 대체로 진보 정당을 기반으로 한다.
진보 정당을 기반으로 하면 지역 당원의 사업 참여도가 상대적으로
높은 장점이 있다. 그렇지만 정치에 거리를 두는 사람들이 많은 현실
에서는 지역 주민의 참여를 가로막는 문턱이 되기도 한다. 사람과공
간을 드나드는 사람들이 가장 많이 한 말은 '민중'이라는 단어가 부
담스럽다는 고백과 정당 조직이 아니냐는 질문이다. 게다가 진보 정
당이 분리 또는 분열되기라도 하면 큰 타격을 받는다. 이런 일은 한
국뿐 아니라 유럽에서도 벌어진다. 정경섭이 쓴 《민중의 집》에도 비
슷한 사례가 나온다.
  노동조합은 상대적으로 인적 자원과 물적 자원이 많다. 또한 조
직 체계를 거쳐 사업을 기획하고 집행한 경험도 많다. 단점도 있다.
노동조합은 이벤트나 일시적인 동원에는 강하지만 지속적인 참여를
조직하기는 어렵다. 게다가 서울은 일터와 삶터가 분리되는 사람이
많아 노동조합 조합원이 지역 활동에 참여하기가 쉽지 않다. 그래도
노동조합을 기반으로 하면 단점보다는 장점이 더 많다. 다만 노동조

합을 지역 활동으로 이끌어내려면 노동조합 출신 활동가가 유리하다. 노동조합의 생리와 문화를 이해해야 참여를 설득하기가 쉽다는 이유가 크지만, 무엇보다 '관계'가 작동하기 때문이다. 유감스럽게도 한국 사회의 진보 진영에서는 '신분제'가 아직도 강하게 작용한다. 노동조합 출신 활동가는 필요 조건이다.

둘째, 후발 주자의 이점을 잘 살렸다. 무슨 일을 하든지 선구자들은 선구자로서 이름을 얻을 수 있지만 '처음'이라는 점에서 많은 일을 겪기 마련이다. 후발 주자는 그런 시행착오를 줄일 수 있다. 앞선 민중의 집들을 찾아가 인터뷰하고 조사한 뒤 데이터베이스를 구축하고 나름대로 면밀히 분석했다. 공간의 규모나 위치 등 하드웨어 측면뿐 아니라 프로그램과 운영 기법 등을 세밀하게 비교했다. 앞선 경험을 분석하는 일 못지않게 우리에게 적합한 운영 전략을 마련하는 일도 중요했다. 다른 곳에서 잘되는 프로그램이 우리 지역에서도 반드시 잘될 수는 없기 때문이다.

셋째, 인적 구성도 큰 구실을 했다. 일은 사람이 한다. 재정보다 사람이 중요하다. '역량을 갖춘 사람이 필요하다'는 두말하면 잔소리다. 더 중요한 요소도 있다. 단체의 정체성에 맞는 사람이다. 아무리 일을 잘해도 정체성에 맞지 않으면 오래가기 어렵다. 노동운동과 지역운동을 접속하는 지역 거점을 만들겠다는 목적과 지향을 사람으로 구현해야 했다. 나는 노동운동 출신이라는 점에서 노동조합을 설득하고 참여를 이끌어낼 역량이 있었지만 지역 운동은 해본 적이 없었다. 더군다나 지역에는 여성 활동가가 많아 접근이 쉽지 않았다.

지금은 상임대표를 맡고 있지만 처음에는 사무국장으로 함께한 한정희는 지역에서 오랫동안 활동한 여성 활동가다. 나는 남성 중심의 노동조합에 기반을 두고 있었고, 한정희는 여성 중심의 지역에 기반이 있었다. 노동조합은 상대적으로 자원이 많지만, 지역은 상대적으로 네트워크가 다양하다. 지역에서 움직이는 여성운동, 환경운동, 교육운동, 협동조합운동, 마을운동 등이 한정희를 통해 연결됐고, 많은 활동가를 만날 수 있었다. 거꾸로 지역의 다양한 운동은 나를 거쳐 노동운동하고 인연을 맺을 수 있었다. 노동운동과 지역운동을 경험한 두 사람이 사람과 공간을 책임지게 되면서 여러 상징적인 의미에 더해 사업을 진행하는 과정에서 이런저런 시너지 효과를 냈다.

넷째, 알맞은 운영 전략을 세웠다. '플랫폼'이라는 낯선 용어를 기반으로 한 공간 운영이 무슨 의미인지를 깨닫기까지는 시간이 걸렸다. 가장 중요한 운영 전략은 '윈윈'이다. 공유하고, 나누고, 인정하고, 새로운 네트워크 구축에 일조함으로써 사업에 참여한 단위가 성과를 얻을 수 있게 했다. 자본주의를 넘어서려면 자본주의 사회의 가장 핵심적인 원리인 독점 소유를 넘어야 한다. 성과를 독점하거나 소유에 따라 나누면 관계가 확장되기 어렵다. 성과를 균등하게 나누면 오히려 더 큰 성과가 돌아오는 경험을 여러 번 했다. 평소에 덕을 쌓아야 위기가 닥친 때 도움을 받을 수 있다. 공유하고 나누면 효율도 높아진다. 부족한 재정을 해결하고, 참여를 확대하고, 다양한 시도를 할 수 있기 때문이다. 일거양득이다.

혁신 또한 중요한 운영 전략이다. 현실에 안주하면 안 된다. 지금 당장 어렵고 힘들다고 그 자리에 머물면 앞으로 나아갈 동력을 만들 수 없다. 한 발이라도 앞서서 살펴봐야 다른 길이 보이는 법이다. 다른 사람들은 도대체 무엇을 하는지 끊임없이 살펴보고 '모방'을 시도했다. 실패하기도 했지만, 이런저런 모방을 하고 새로운 시도를 하다보면 알맞은 답을 찾기 마련이다. 가만히 멈춰 서 있으면 혁신은 일어나지 않는다.

다섯째, 규모 있는 공간, 알맞은 위치, 실용성 갖춘 구조 설계도 큰 힘이 됐다. 공간을 매개로 한 지역 거점이라는 점에서 다양한 용도로 쓸 수 있고 70~80명 정도가 들어갈 만한 공간은 필요조건이다. 대중교통으로 접근할 수 있다는 점도 큰 장점이다. 버스 정류장에서 2~3분, 지하철역에서 6~7분이다. 누구나 부담 없이 들어올 수 있고 들어올 때 위압감을 느끼지 않는 개방형 구조도 큰 도움이 됐다. 여러 모임과 프로그램이 한꺼번에 진행되려면 독립된 공간으로 나눠야 한다는 요구도 나와서 가벽을 세우고 자바라나 칸막이용 블라인드로 공간을 분리했다. 나중에 더 넓은 곳으로 옮기거나 민중회관을 지으면 혼자 쓸 수 있는 독립 공간과 개인 사물함을 둘 생각이다.

공유 공간이지만 사적인 공간도 필요할 때가 있다. 성수동에 있는 헤이그라운드를 둘러보고 얻은 아이디어다. 공중전화 부스 같은 작은 공간이 층마다 보였다. 개인적인 전화를 하거나 노트북을 가지고 들어가 작업할 때 꽤 쓸모 있어 보였다. 복합 문화 공간으로 기능하려면 영상 장비와 음향 시설도 중요하다. 아일랜드 키친도 빼놓을 수 없다. 언제든 음식을 만들 수 있고 만든 음식을 나눌 수 있다. 아이하고 함께 오는 프로그램 참가자가 적지 않은 만큼 좌식 방도 필요하다. 공간의 크기만이 아니라 구조 설계도 꽤 중요하다.

여섯째, 개인의 역량과 구실도 무시하기 어렵다. 개인 역량이 아니라 시스템을 통하는 방식이 바람직하지만, 현실에서는 모든 일이 조직적으로 진행되지는 않는다. 때로는 개인의 역량과 헌신이 매우 많이 필요하다. 사정하고, 인내하고, 포용하고, 기다리고, 그러면서 부지런히 한발 더 나아가고……. 30여 년에 걸친 활동에서 체화된 몇 가지 개똥철학이 있는데, 그중 하나는 '피할 수 없으면 즐겨라'다. 긍정 마인드로 일해야 한다는 말이다. 즐기는 사람을 이길 수 없다는 말도 있다. 새로운 문제가 생기면 내가 도전할 과제가 또 하나 생겼다고 받아들인다. 문제를 풀려고 생각하면 대안이 나타나기 마련이고, 풀고 싶은 생각이 없으면 안 되는 핑계를 찾기 마련이다.

노동조합이라는 기반을 유지하려고 적지 않은 시간을 투여할 뿐 아니라 많이 노력한다. 농담이지만 활동가 선배로서 받는 전관예우도 2~3년을 못 넘어간다고 입버릇처럼 말했다. 노조 집행부도 임기가 있으니 교체되기 마련이고, 시간이 지날수록 모르는 사람이 늘어날 수밖에 없다. 안면이 있어야 관계도 유지되고 사업도 함께 할 수 있다. 특별한 일이 없어도 연락하고 노조 사무실에도 되도록 자주 찾아간다. 여러 노조들을 둘러싼 상황과 해결해야 할 현안을 미리 살펴본다. 인터넷을 뒤지고 지인들에게 물어 확인한 뒤, 노조가 직면한 문제를 해결하는 데 조금이라도 도움이 될 거리를 찾아서 준비한다. 연말에는 감사하는 마음을 전하는 선물을 준비하기도 한다.

더불어 '정파적 중립'을 유지하는 태도도 중요한 '품성'이다. 노동(자)운동은 말할 것도 없고 사회운동 내부에는 이러저러한 정파적 경향을 지닌 의견 그룹이 있어서 조직적 갈등은 다반사다. 플랫폼 기능이 유지되려면 개인의 정치적 지향하고는 별개로 인권 감수성을 훼손하지 않는다는 전제 아래 정파적 중립을 유지해야 한다.

지난 5년을 되돌아보면 이런 점들이 사람과공간이 빨리 안정을 찾고 성장한 이유다. 이 정도 성장에 만족하고 현상 유지를 택해야 할까? 그렇지 않다. 모든 유기체는 생로병사를 겪는다. 사람과공간도 마찬가지다. 그런 과정을 예측하고 그다음을 준비해야 한다.

사람과공간의 경험이 민중의집 운동을 곳곳으로 확산시키고 노동조합과 진보 정당이 지역 거점을 발판 삼아 활동하는 데 참고할 만한 사례가 되면 좋겠다. 그래도 사람과공간이 어디를 향해서 나아갈지에 관한 고민은 남는다.

한발 더 나아가기 — 시민자산화와 진보적인 지역 경제 공동체

나는 사람과공간이 적어도 강서·양천 지역을 진보적으로 재구성하는 마중물이 되기를 바란다. 그러려면 지역의 지배적 거버넌스를 재편해야 하고, 재편할 역량을 준비해야 한다. 새로운 진보 역량을 발굴하고, 양성하고, 연결해야 한다. 진보 정치를 지향하는 세력이 지역의 행정을 책임지는 구조로 나아가야 한다. 결국은 정치 활동에 개입해야 한다. 그러려면 진보 정치를 책임질 사람들을 양성하고 진보 정치를 실행할 주체인 진보 정당의 발전을 추동해야 한다. 나는 이 부분이 가장 약하다. 고민이다.

길게 보면 더 중요한 과제가 있다. 진보적인 지역 경제 공동체의 구축이다. 진보적인 정치 세력이 지역의 거버넌스를 주도한다고 해도 독자적인 경제 기반을 마련하지 못하면 뿌리가 약한 나무에 지나지 않는다. 지역 사회가 활성화되려면 지역에서 먹고 마시고 놀 뿐 아니라 일자리를 구할 수 있어야 한다. 지역 경제의 순환 구조가 형성되지 않으면 지역 사회가 유지되고 발전할 수 없다. 성미산 마을 공동체가 공동 육아에서 출발해 대안 학교, 카페, 생협, 되살림 가게, 마을 라디오 등으로 확산됐지만, 아이들이 성장해 마을을 떠나면 공동체는 축소될 수밖에 없다. 청년으로 성장한 아이들이 마을을 떠나지 않고 살아갈 수 있으려면 마을에 일자리가 있어야 한다. 지역 경제 생태계를 조성하지 못하면 마을 공동체는 붕괴하고 지역 사회는 제대로 유지되기 어렵다.

마포는 정말 선도적이다. 마포에서는 지역 사회를 기반으로 만들어진 다양한 운동체들이 이미 새로운 실험을 시작했다. 2015년 12월에 출범한 '모아'라는 단체가 있다. '마포 공동체경제네트워크 모아'(Mapo Organization for Reclaiming Economy·MORE)는 돈과 이윤만 추구하는 자본주의 경제를 넘어 개인과 공동체가 능동적인 도움을 주고받는 경제 관계를 맺으면서 자립과 연대를 만들어가려는 목적 아래 설립됐다. '모아'는 지역의 역량으로 돈, 사람, 자산 등을 모아 더불어 사는 경제, 지속 가능한 경제, 미래를 위한 대안을 마련하겠다는 포부를 밝히고 있다. 경제 활동의 대상으로 여겨지기만 하던 소비자와 공동체가 경제 행위의 주체가 되고, 생산과 유통과 소비 활동에서 생겨나는 잉여와 부가가치가 공동체 내부에 머무는 지속 가능한 공동체를 꿈꾸는 모아에서, 나는 지역 운동의 미래를 본다. 이것이 후발 주자의 장점이다. 모아는 이미 지역 공동체 화폐 '모아'를 유통시키고 있으며, 2019년 3월 30일에 사단법인 마포공동체경제 모아의 설립 총회를 열었다. 정말 부럽다.

사람과공간이 민중회관을 세워 시민자산화를 달성하는 동시에 지역 거버넌스를 진보적으로 재편하고 진보적 지역 경제 공동체를 구축하는 방향으로 나아가야 한다고 나는 생각한다. 차세대 활동가를 양성하는 일도 이런 과제에 못지않게 중요하다. 나아갈 방향을 찾지 못한 채 좋은 일, 착한 일, 공익 활동을 '열심히' 하는 정도만으로 지역 사회를 바꾸기 어렵다. 많은 사람들의 지혜를 모아 중장기 발전 방향을 정하고 이 목표를 실현하기 위한 사람과 자원을 모아내는 일은 계속 이어져야 한다. 쉽지 않은 일이다. 사람과공간의 시작도 쉽지 않았다. 그러나 누군가 걸어가면 길이 된다.

18
민중의 집
운동에
관하여

한국에서는 여전히 낯선 '민중의집 운동'은 유럽에서 시작됐다. 벨기에, 이탈리아, 스페인, 스웨덴에는 100여 년 전부터 민중의 집이 세워져 활동했다. 민중의 집(또는 민중회관)은 19세기 말 농민 단체, 여성 그룹, 상조회, 협동조합 같은 개별 노동자 조직이 활동하는 데 필요한 사무실을 제공하려는 목적으로 만들어졌다(이어지는 해외 민중의 집 관련 내용은 마거릿 콘(Margaret Kohn) 지음, 장문석 옮김, 《래디컬 스페이스(Radical Space)》(삼천리, 2013)에 기댔다).

민중의 집은 경찰의 개입과 감시를 피하려는 사회주의자들이 선택한 실용적 해결책인 동시에 도시를 상징하는 공간에 관련된 연대와 개입을 구체화하려는 시도였다. 유럽에 세워진 민중의 집들은 현물 기부와 노동 기부를 바탕으로 건물을 짓고 노동자들에게서 자원을 끌어온 협동조합이나 상조회에서 재정을 지원받아 운영됐다.

스웨덴 민중의집 전경. 우리하고는 비교가 안 된다.

공간이 중요하다

민중을 각성시키고 통합하는 데 공간이 큰 구실을 한다는 사실은 여
러 연구에서 입증됐다. 마거릿 콘은 《래디컬 스페이스》에서 다양한
동맹체들을 접속시킨 계기는 '공유된 사회 공간'이라고 주장한다. 또
한 오스카 네크트(Oskar Negt)와 알렉산더 클루게(Alexander Kluge)
등이 함께 쓴 《공적 영역과 경험(Public Sphere and Experience)》(1993)
에는 이런 구절이 있다. "노동자들은 실제로 함께 투쟁함으로써 투쟁
이 더는 단순한 환상이 아니라는 점을 확신할 수 있는데, …… 그럴
수 없는 노동자들로서는 오직 한데 군집함으로써만 자기들이 세계
속에 실제 존재한다는 사실을 서로 확인할 수 있으며, …… 오직 서

로 확인한 현실 속에서만 집단적 반란의 분위기가 나타나며, 그제야 노동자들은 말하기 시작하고 주장하며 행동하게 된다."

유럽에서 협동조합, 노동회의소, 민중의 집은 저항의 공간으로 주목받았다. 협동조합은 경제 사업 단위였고, 노동회의소는 노동조합이 발달하지 못한 조건에서 노동조합의 구실을 맡기도 했다. 반면 민중의 집은 무엇보다 통합된 공간, 노동조합과 협동조합, 시민단체가 함께 참여하는 통합적 운영, 정치와 경제와 여가와 오락과 교육의 통합적 실천이라는 점에서 차이를 지녔다.

벨기에 헨트 지역에서 활동한 부루이트 협동조합은 1902년에 노동자 계급의 정치적, 사회적, 경제적 생활의 중심지 구실을 할 수 있는 '우리집(Ons Huis)'이라는 건물을 짓고 그 안에 여러 공간을 배치했다. 생산자협동조합을 실업에 맞서 싸우는 전략에 활용하고, 노동쟁의 기간에 해고된 노동자에게 생필품을 제공하고, 창업 자본과 창고를 빌려주고, 관련 활동에 필요한 공간을 대여했다. 더 나아가 지역에서 처음으로 병원을 세우고, 병원 운영비를 낮추려 값싼 빵집을 열고, 양조장을 운영했다. 부루이트 복합체는 '우리집'의 보호 아래 생산, 소비, 정치, 사회적 서비스, 여가를 통합했다.

유럽 민중의 집은 다른 조직들하고 구분되는 네 가지 원칙이 있었다. 첫째, 다양한 조직을 한데 모으는 복합적 구조를 지녀야 한다. 둘째, 회원이 집단으로 재정을 지원한다. 셋째, 노동자 스스로 민주적으로 운영한다. 넷째, 경제적 지위나 정치적 또는 종교적 소속에 따라 참여를 제한하지 않으며, 하위 계급의 사회경제적 삶을 향상시킨다는 공유된 헌신성에 따라 참여를 결정한다.

공간을 매개로 민중이 모일 수 있게 하고 생활 세계를 중심으로 민중의 필요와 요구를 조직함으로써 새로운 네트워크가 형성된다. 이런 네트워크가 진보적 역량을 강화하는 진지로 기능하면서 역사적 경험이 축적됐다. 심지어 스웨덴은 진보 정당과 노총이 따로 지역 조직을 꾸리지 않고 민중의 집에서 함께 활동한다. 민중의 집을 매개로 여러 부문 운동이 결합할 수 있게 해 시너지 효과를 높이는 셈이다.

민중의집 운동은 노동자운동이나 농민운동처럼 특정 계급 운동 이거나 여성운동이나 환경운동 같은 특정 부문 운동이 아니다. 또한 모든 운동에 관여하는 백화점식 운동도 아니다. 민중의집 운동은 지역 운동의 한 종류로 볼 수 있지만, 민중의 집은 공간을 매개로 지역 안의 다양한 사회운동을 접속하는 허브 기능과 새로운 시도를 모색하는 플랫폼 구실을 맡는다. 개인과 개인 또는 개인과 단체가 접속을 통해 새로운 관계를 형성할 수도 있으며, 또한 실제로 그런 일들이 벌어지고 있지만, 무엇보다 단체와 단체가 관계를 형성해서 서로 돕게 하는 데 집중한다. 그런 과정을 거쳐 지역 사회의 진보적 역량이 강화되기를 기대하기 때문이다.

한국에 세워진 민중의 집들

한국 사회에서 민중의집 운동은 2008년에 정경섭이 주도해 만든 마포 민중의집에서 시작한다. 민주노동당에서 분당한 진보신당 마포지역위원회 활동가들이 진보 정당이 해야 할 지역 사업을 고민하다가 발견한 모델이었다. 이 새로운 시도는 구로(들락날락), 중랑(사람과 공감), 은평(랄랄라), 인천 서구(우리동네 사랑방), 광주, 장수(농민의 집)로 확산됐고, 2014년 3월 강서·양천에도 사람과공간이라는 이름을 내건 민중의 집이 출범했다. 안타깝게도 그 뒤 민중의 집은 더는 확산되지 못한 채 정체 상태에 빠져 있다.

나머지 7개 민중의 집과 사람과공간은 다른 점이 있다. 7개 민중의 집은 진보 정당을 기반으로 삼아 진보 정당의 지역 활동을 확장하는 수단이라는 의미가 컸다. 인천서구 민중의집처럼 몇몇은 노동조합이 참여했지만 노동조합이 중심이 되지는 못했다. 사람과공간은 철저하게 노동조합을 기반으로 삼아 노동조합 활동가들이 주도해서 만들고 운영도 책임진다. 이런 차이는 사람과공간에서 진행하는 사업을 보면 쉽게 확인할 수 있다.

중점 사업인 공간 나눔은 주요 이용자가 노조 사무실이 없는 비정규직 노동자와 지역의 소규모 시민사회단체다. 사람과공간에서 회의, 교육, 문화 활동, 파티 등을 진행한다. 또 다른 중점 사업은 노동 사업이다. 지역 주민을 대상으로 하는 시민노동법률학교, 노동법 상담, 노동조합 활동가 기초과정 교육, 노동 존중 문화 증진 사업, 비정규직 노동자 연대모임, 비정규직 노동자 건강 증진 사업, 자치구지부 노동조합 연대 활동 등이 진행된다. 나눔연대 사업도 중점 사업이다. 취약 계층을 대상으로 하는 주거 환경 개선이나 지역아동센터 등을

대상으로 하는 김장 나눔 행사는 대표적인 나눔연대 사업인데, 재정과 인력을 대부분 노동조합이 맡고 있다.

이 밖에도 생활문화 사업과 마을 사업 등 여러 사업이 진행된다. 사업 내용만 보면 다른 시민운동하고 비슷한 면을 쉽게 찾을 수 있다. 그렇지만 사람과공간의 핵심 가치와 지향은 노동조합이 지역으로 나와 지역 사회의 공동체 운동에 참여하고, 교육과 선전을 통해 주민인 노동자들이 노동의 가치를 새롭게 인식할 수 있게 하는 한편 노동조합에 가입하거나 노동조합을 만들 수 있게 지원하는 데 있다.

사람과공간은 이런 과정을 거쳐 노동 인권을 향상하고 노동 존중 문화를 확산해 지역에서 시민운동을 이끌고 노동(자)운동의 헤게모니를 강화하려 한다. 이런 목적 자체가 노동을 배제하고 정치를 외면하는 시민운동하고 다른 민중의집 운동의 특징이다.

유형근은 〈한국노동계급의 형성과 변형 — 울산지역 대기업 노동자를 중심으로, 1987~2910〉(2012)이라는 논문에서 자본이 공장 세계와 생활 세계를 직접 관리하는 체제로 전환하고 생활 세계에 개입하면서 노동자들의 공동체 문화를 제거했으며, 그 결과 저항의 공간과 저항 문화의 싹이 제거돼 공장 세계와 생활 세계가 이질화됐다고 분석한다. 또한 생활 세계(재생산의 정치)에 결합하지 못한 공장의 정치(생산의 정치)는 자본이 가하는 공격에 효과적으로 대응할 수 없다고 주장한다.

민중의집 운동은 지역 운동을 대표하지도 않고, 민중의 집을 통해 노동조합이 혁신되거나 노동(자)운동이 확장될 수 있을지도 불확실하다. 그러나 민중의집 운동을 통해 기업이라는 울타리에 가로막혀 정체된 노동조합이 지역 사회에 참여하고 기여하기를 바란다. 그렇게 해서 노조의 이미지를 새롭게 하는 데 그치지 않고 '노동자 스스로 사업장 울타리에 의해 유폐된 계급의식을 삶의 보편적 의식으로 넓혀 나가'(유형근)기를 기대한다. 그런 점에서 민중의집 운동은 그동안의 노동(자)운동하고는 다르다.

공간의 정치학에 주목한 마가릿 콘은 공장의 가혹한 규율과 권위주의가 혁명적 주체의 형성을 결정적으로 방해한 결과로 노동자들이 정치화된 공간은 공장 안이 아니라 바깥에 있었다고 주장한다. 그래서 이탈리아 협동조합, 노동회의소, 민중의 집 등을 분석한 결과를 바탕으로 급진적 공간이 필요하다고 강조한다.

이런 주장은 논쟁의 여지가 있다. 내가 고민하는 민중의 집은 공장 세계와 생활 세계를 접속하는 일, 곧 노동조합을 시민사회, 진보정당, 마을 공동체에 접속하는 구실을 하는 운동이다. 그러려면 노동(자)운동이 공장이나 사업장을 나와 마을로, 지역으로 들어와야 한다. 외부자로 남아 있지 말고 공동체의 구성원이 돼야 한다.

사회 구조의 변화와 공간 전략의 진화

현단계의 지구적 자본주의를 보통 '신자유주의'라고 부른다. '새로운' 자유주의는 다른 말로 하면 '시장만능주의'다. 사회의 모든 질서와 가치보다 시장을 우선하기 때문이다. 대체로 1929년 대공황을 계기로 수정자본주의(국가독점자본주의)가 등장하는데, 자본주의 발전 과정에서 확인된 공황이나 심각한 양극화 같은 문제에 대응한 완충 장치로서 국가가 시장에 개입할 수밖에 없다는 점이 확인된 때문이었다. 총자본으로서 국가는 체제를 유지하기 위해 자본주의 시스템이 붕괴하지 않게 개별 자본을 조절하는 구실을 한다. 무한 증식의 욕구를 지닌 자본은 이 정도의 국가 통제조차 수용하기 어렵다. 오히려 국가를 철저한 자본의 도구로 만들어 자본에 맞서는 규제와 저항을 앞장서서 분쇄하는 구실을 국가에 부여한다. 자본에는 이윤 창출과 확대 재생산을 위한 '새로운 자유'가 필요하다.

시장만능주의로서 신자유주의는 모든 것을 상품으로 바꿔 시장 영역에 끌어들인다. 한동안 수정자본주의 체제에서 국가가 맡던 공공 영역을 '민영화'(사유화)라는 이름으로 축소하고 가족이 맡던 돌봄이나 재생산 과정을 시장이 담당하게 사회를 재편한다. 생산 과정에서 일어나던 자본의 착취는 이제 유통 과정과 소비 과정의 착취로 확대된다. 게다가 빠르게 발전한 정보통신 기술은 노동 과정을 해체한다. 대규모 분업에 기반한 포디즘 방식의 생산 시스템은 경쟁력을 잃고 낡은 유산으로 전락한다. 균질해진 대공장 프롤레타리아는 더는 확대되지 않을 뿐 아니라 축소되는 경향마저 보인다. 이제 자본이나 노동에 '현장'은 공장만을 의미하지 않는다. 선진 자본주의 국가들은 산업화와 도시화가 진행되더라도 재생산 영역에는 지역이든 가족이든 공동체 기능이 조금 남아 있었다. 반면 한국 사회는 압축 성장 때문에 지역이나 가족이 떠맡은 공동체 기능이 빠르게 해체됐다.

노동(자)운동은 근대 이후 분업화가 진전되고 대량 생산 시스템이 도입되면서 급증한 대공장 프롤레타리아를 조직하는 데 집중했다. 그래서 노동(자)운동은 사업장을 기반으로 한다. 경제 시스템이 바뀌고, 산업 구조가 달라지고, 노동 과정과 고용 형태가 변하면서, 사업장 안에서 진행되는 노동(자)운동은 결정적 한계를 드러낼 수밖에 없게 됐다. 평생직장 개념이 사라진데다가 정규직 고용 형태와 장기근속이 일부 노동 계층에만 해당할 뿐 대부분이 비정규직이 되고 고용 유목민이 된 상황에서 사업장 중심의 노동(자)운동은 생존 자체가 어려워질 전망이다. 이런 일터의 변화는 우리에게 새로운 과제를 던진다. 무엇보다 근대 자본주의 시스템이 만든 일터와 삶터의 분리를 극복해 일터와 삶터의 연대를 이끌어내지 못하면 근본적인 변화는 불가능하다.

지역을 중심으로 사회 변화를 이끌어내자는 문제의식 아래 진행된 선도적인 실험과 시도가 없지는 않았다. 지역 개입 전략이라는 이름 아래 대전 유성에 자리한 과학기술노조 등에서 지역 사업에 개입한 사례도 있다. 이런 시도들은 소비자 운동이나 생활문화 운동을 배제한 채 진행되거나 구조적으로 지속성을 유지하기 어려운 문제에 부딪치면서 실패하거나 제대로 된 성과를 내지 못했다.

반복하지만 시민사회운동이나 지역 주민 운동이 대체로 노동조합이나 정치를 배제하는 경향을 띤다는 점은 부정하기 힘들다. 특히 지역 주민 운동에서 노동 담론을 결합한 사례는 찾아보기 어렵다. 탈정치 담론이나 정치적 중립 담론을 뜯어보면 이른바 개혁적 보수 정당을 지지하는 성향을 포장한 데 지나지 않는다. 몇 년 전부터 마을만들기 운동이 유행이다. 그동안 거둔 성과를 애써 깎아내릴 필요는 없지만, 몇몇 성공 사례를 들여다보면 중산층 정상 가족, 곧 결혼하고 아이가 있고 일정한 소득을 얻는 사람들 위주로 마을이 만들어지고 비혼 세대나 한부모 가정 등은 배제되는 한계가 드러난다. 몇몇 지자체에서 추진하는 마을 만들기 같은 사업도 행정이 주도하면서 오히려 주민 자치 원칙이 훼손되는 사례가 적지 않다.

나는 지역 거점 운동으로서 민중의집 운동을 대안 모델로 검토했다. 마포를 시작으로 이미 전국에 8개의 민중의 집이 운영되고 있다. 그렇지만 대개 특정 정당을 기반으로 만들어지고 운영된다. 진보 정당이 분리되고 분열된 조건에서는 특정 정당의 지지자만 결합하거나 특정 정당의 지지층을 확대하는 사업만 펼치게 될 가능성이 높다. 그런 점에서 사람과공간처럼 대중 조직인 노동조합이 토대가 되고 노동조합이 주도하는 민중의 집은 성공할 가능성이 훨씬 더 높다. 시민사회운동에서 가장 강력한 물적 토대를 갖춘 노동조합이 주도해 시민사회운동과 진보 정당을 네트워킹하면서 지역 사회의 진보 역량을 강화할 수 있기 때문이다.

근본적 사회 변혁을 고민할 때, 우리는 실천의 단위를 생활 세계, 국민국가, 지구화된 세계로 나눌 수 있다. 노동(자)운동은 대체로 생활 세계의 일부인 노동 현장과 국민국가를 중심으로 사회 변혁을 고민했다. 그렇지만 지구화된 세계를 빼고 사회를 변혁하는 일은 불가능하며, 지역 사회를 기반으로 하지 않는 사회 변혁은 불완전하다.

지구화된 세계라는 인식과 활동의 지평을 넓히는 실천은 이른바 '로컬(local)'을 기반으로 하는 운동을 고민해야 한다. 사회를 근본적으로 바꾸는 사회 변혁은 사회적 세력 관계의 변화를 뜻한다. 지역 사회를 재편하려면 지역 사회의 세력 관계를 변화시켜야 한다. 저항과 연대의 공간, 민중의 집이 지역 사회 재편의 거점으로서 해나갈 일들을 기대해본다.

19
에필로그

전통적 관점에서 보면 노동(자)운동은 이른바 '현장'이라 불리는 '공장' 또는 '사업장'을 기반으로 한다. 노동과 자본의 대립 구조가 명확하고 노사 사이의 전투인 단체 교섭을 진행할 수 있기 때문이다. 그런데 몇 년 전부터 마을(지역)에서 노동(자)운동을 한다는 말이 나온다(마을은 삶을 함께 살아가는 생활 공동체를 말한다. 서울시가 추진하는 마을 공동체 사업은 걸어서 15분 거리를 마을로 설명한다). 사용자도 명확하지 않고 단체 교섭도 할 수 없는데, 이게 도대체 무슨 말일까?

확장된 현장

사업장이 아닌 마을(지역)이 노동(자)운동의 새로운 무대로 등장하게 된 이유는 무엇보다 '사업장' 안의 노동(자)운동이 한계 상황에 직면한 때문이다. 되돌아보면 1987년 6월 항쟁 직후 벌어진 7~9월 노동자 대투쟁부터 1997년 말 외환 위기가 닥치기 전까지 몇몇 대기업 사업장에서 벌어진 '전투'가 전국적 투쟁으로 확산됐다. 개별 사업장의 전투가 노자 또는 노정 사이의 전쟁 수준으로 격상됐다. 산업 구조상 대기업과 중소기업이 밀접한 연관 관계에 있기 때문이기도 했고, 노조들 사이의 연대성이 강한 때문이기도 했다. 지금은 설비 자동화와 해외 생산 등으로 국내 기업 사이의 산업 연관성이 약해지고 고용 형태가 비정규직 중심으로 바뀌면서 정규직 대공장의 전투는 확산되기보다는 고립되는 모습을 띤다. 사업장 안의 변화를 통해 사회 변화를 이끌겠다는 발상은 이제 유지되기 어렵다.

고용 형태의 변화는 지역의 중요성을 부각시키는 근거다. 비정규직이 일반적인 고용 형태로 자리잡고 있다. 정규직이 상대적으로 장기 고용되는 반면 비정규직은 단기 고용으로 여러 사업장을 떠돌게 되고(고용 유목민이라고 부르기도 한다), 사업장 단위로 비정규직 노동자를 조직하는 일은 매우 어렵다. 10퍼센트 수준에 머문 노동조합 조직률은 90퍼센트 정도의 노동자가 노조에 가입하지 못한 현실을 보여주는 지표다. 조직된 10퍼센트는 대부분 대공장 정규직이거나 공공 부문 노동자다. 노조에 가입하지 못한 노동자들의 절대다수는 중소 사업장과 영세 사업장 노동자이고, 그중 많은 수는 비정규직인 셈이다. 결국 이런 노동자들은 노조의 보호조차 받을 수 없다. 사업장 수준이 아니라 산업 수준의 조직화를 위해 민주노조운동은 이른바 산업(별) 노조로 전환하려 시도하고 있지만, 아직도 갈 길이 너무 멀다. 한국의 노동조합 체계가 해당 기업의 종업원만 가입할 수 있고 그 기업의 노동자만 단체 협약의 적용 대상이 되는 기업별 노조를 기반으로 하기 때문이다. 기업별 노조는 고용 유목민을 담을 그릇이 될 수 없다. 어쩔 수 없이 초기업 노조라는 새로운 조직 형식이 필요하고, 그런 조직은 지역을 기반으로 하는 방식이 현실적이다.

마을(지역)이 주목받는 또 다른 이유는 '현장의 확장'이다. '현장' 개념이 그동안 우리가 알고 있던 '공장' 또는 '사업장'을 넘어 지역으로 확장되고 있다. 노동자들의 삶은 공장 또는 사업장에서 벌어지는 임금 인상과 노동 조건 개선만으로는 변화하지 않으며, 생활에 결부된 많은 과제들이 그 '바깥'에 있다. 주거, 교육, 의료, 환경, 문화 등 삶의 질을 규정하는 영역과 생활 의제가 신자유주의 체계에 따라 빠르게 시장으로 흡수되고 있다. 이런 의제는 국민국가와 생활 세계 차원에서 다뤄질 수밖에 없으며, 아주 일부를 제외하면 일터인 '공장' 또는 '사업장' 안에서는 해결되기 어렵다. 이런 흐름에 대항하려면 공장 또는 사업장의 '안과 밖'이 연대해야 한다. 따라서 노동(자)운동의 과제는 '노동 의제'를 넘어 '지역 사회 의제'로 확장될 수밖에 없고, 지방 자치와 제도 정치 영역도 사회운동의 현장이 된다. 우리 삶이 존재하고 삶에서 직면하는 문제를 해결하기 위해 우리가 활동하는 그곳이 모두 현장이므로, 생활 의제는 공동체를 통해 해결하는 방식이 현실적이다.

지역하고 함께하려는 노동(자)운동의 흐름이 형성되고는 있지만, 마을(지역)에서 노동조합은 아직 외부인이다. 희망연대노조처럼 '지역 사회운동 노조주의'를 표방하고 마을 공동체에 적극적으로 결합하려는 사례가 있지만, 노동(자)운동 전체에서 보면 아주 소수일 뿐이다. 주거 공간인 집이 그저 노동자들이 머무는 숙소가 아니라 진정한 삶터로 의미를 되찾고, 노동자들이 지역 공동체의 당당한 구성원으로 자리잡고, 나아가 노동조합이 지역 거버넌스의 핵심 주체로 인정받을 때, 비로소 노동조합은 외부인이라는 딱지를 뗄 수 있다.

마을과 노동을 잇는 통역사

지역 운동 또는 노동(자)운동에 관련해서 발언할 기회가 생길 때마다 나는 나 자신을 '통역사'라고 소개한다. 마을과 노동을 통역하는 일을 한다는 말이다. 한국 사회의 변화를 바라고 공동체성이 회복되기를 꿈꾸는 마음은 똑같지만 구체적인 방향과 방법이 다를 뿐 아니라 문화적 코드도 꽤 큰 차이가 난다. 그러다 보니 같은 말을 하고 있는데도 이해하지 못할 때가 많아 오해가 쌓인다.

모든 전문 영역에는 자기들만의 고유한 언어와 문화가 있기 마련이다. 내부자에게는 동질감을 높여주지만 외부자를 배제하는 부정적 기능도 한다. 노동(자)운동도 고유의 언어와 문화가 있다. 때로는 그런 고유성이 소통을 가로막고 노동(자)운동을 확장하는 데 커다란 걸림돌이 된다. 노동조합과 노동(자)운동이 지닌 이미지는 흔히 머리

띠와 투쟁 조끼로 소비된다. 이런 상징이 한때는 구성원들의 자존감을 높여주기도 했지만, 언제부터 분리선이 되고 있다. 노동조합이 자기를 드러내는 상징물이 다른 집단에서 자기들을 구분하는 정도를 지나 넘어설 수 없는 경계선을 그어버리는 셈이다. 그러다 보니 시민사회에서 노동(자)운동을 바라보는 시각도 왜곡되기 일쑤다.

농민이 당사자가 되는 운동을 우리는 농민운동이라고 한다. 청년이든 여성이든 당사자를 앞에 붙인다. 그런데 노동자가 주체인 운동은 유독 노동운동이라고 부른다. 산별 노조라는 말도 있다. 산업별 노조를 줄여서 산별 노조라고 한다. 산업 노조(industry union)라는 말이 더 알맞겠다. 일본식 용어를 들여오면서 혼란을 일으키고 있는 듯하다. 정확한 용어는 개념을 구성하는 필수 요소다. 나는 이 책에서 노동(자)운동이나 산업(별) 노조라는 말을 쓰고 있다. 관행처럼 쓰던 용어가 지닌 문제를 환기하는 한편 일반화된 용어를 써서 더 쉽게 다가가고 싶었다.

마을의 속도와 노동 현장의 속도는 다르다는 현실을 이해하는 일도 매우 중요한 과제다. 이윤을 창출하려는 자본은 노동의 속도를 끊임없이 끌어올린다. 노동(자)운동도 여기에 대응하려고 속도를 맞추기 마련이다. 그렇지만 마을은 관계를 중심으로 하기 때문에 마음대로 속도를 끌어올릴 수 없다. 서로 다른 시간의 속도를 이해하지 못하면 오해가 쌓이고 갈등이 생긴다.

노동조합, 시민단체, 협동조합에서 활동한 나는 통역사를 자청한다. 노동조합을 마을의 언어로 설명하고 마을을 노동조합의 언어로 번역해 연결 고리를 만들어낸다. 무엇보다 노동 존중 문화가 지역에서 확산되고 노동자와 노동조합이 외부자가 아니라 마을 공동체의 당당한 일원이 되기를 바라기 때문이다.

마을(지역)은 이제 노동(자)운동의 주요한 '현장'이 될 수 있고, 돼가고 있다. 그런데 '마을'이라는 '새로운 현장'에서는 '공장' 또는 '사업장'에서 쓰이던 '운동 양식'하고는 다른 무엇이 필요하다. 그렇지만 새로운 것은 낡은 것의 관성과 저항 때문에 쉽게 자리잡지 못한다. 그래서 더디다. 그렇지만 낡은 것은 새로운 것을 결코 이기지 못한다. 새로운 것을 잉태하려 분투한 지난 5년을 여기에서 되돌아보고 풀어놓았다. 나를 비롯한 우리의 경험이 누군가에게 반면교사가 되고 또 다른 누군가에게 뭔가를 시작할 용기를 줄 수 있다면, 그것으로 족하지 않을까?

2부

오늘의 로컬

"같이
가고 싶은
곳이 있어"

이선영 | 강서아이쿱생협

2012년 가을, 방화동 작은 골목 모퉁이 카페에 빨간 책(정경섭 지음, 《민중의 집》, 레디앙, 2012)을 들고 모여 앉았다. 책을 읽기 전에는 '민중'이라는 익숙하지 않은 단어가 '집'이라는 익숙한 단어를 수식하는 모양이 낯설었다. '민중의 집이라니, 좀 억지스럽게 만들어져서 운영되는 기관이 아닐까?'

한 장 한 장 넘기면서 '억지'와 '기관'이라는 첫인상은 사라졌고, 책모임 사람들을 빨리 만나 떠들고 싶어졌다. 카페에 모인 우리는 책 속의 '민중의 집'을 방화동 작은 골목으로 끌어냈고, 각자의 민중의 집을 만들기 시작했다. 그림으로 그리고 손짓과 몸짓을 해가며 웃고 떠들다가 끝내 나온 말은 똑같았다.

"이런 곳이 우리 동네에도 있으면 좋겠다."

그렇지만 각자의 민중의 집은 빨간 책 안으로 도로 들어가버렸다. 그 책은 책장으로 들어가서 다시 나오지 않았고, 우리 각자의 상상 속 '민중의 집'도 다시 세우지 못했다.

"선영, 같이 가고 싶은 곳이 있어."

2014년 겨울, 아는 언니가 나를 어디론가 끌고 갔다. 낯선 건물 2층으로 올라가 문을 열고 따뜻한 난로가 있는 곳에 앉았다.

"여기는 강서양천민중의집 사람과공간이야."

많은 생각이 났다. 바도 없고, 만화도 없고, 댄스홀도 없는 민중의 집은 상상한 적이 없기 때문에 난롯불을 바라보면서 여기하고 친해지기는 어렵겠다며 생각을 정리했다. 놀거리는 눈에 안 보이고 무거움만 가득한 첫인상 때문에 회원에 가입하는 정도만 나 자신에게 허락할 수 있었다.

2015년 봄, 연락이 왔다. 잠깐 민중의집으로 들르라고. '잠깐'이라는 말이 주는 안도감이 있다. '들려'라는 말이 던지는 찜찜함은 있지만 그래도 '잠깐'일 거야 하면서 들른 그날, 나는 '후원주점 기획회의'라는 회의 자리에 앉았다. 회의인 듯 회의 아니게 진행하는 이 기술은 도대체 누구 아이디어인지, 생각나는 대로 말하라고 하니 그렇게 하는 나는 누구의 주문에 걸렸든 건지 어리둥절한 채 회의를 마쳤다. 어리둥절해하는 나를 전혀 상관하지 않는 듯한 사람들의 웃음을 뒤로하고 '내 집'으로 돌아왔다. '내 집'밖에 없던 내가 '민중의 집'으로 들어갔다. 꼼지락거리는 발가락을 바라보며 내게 위로를 건넨다.

"어쩔 수 없어. 이렇게 시작된 거야."

2017년 여름, 강서아이쿱생협에 새로운 공간이 필요해졌다. 마침 지역에서 플랫폼 구실을 하는 사람과공간이 생각났다. 될까? 안

될까? 조금 긴장한 마음으로 찾아가 우리 처지를 이야기했다.

"네."

앞에 앉은 사람이 한 말 한마디에 구석구석 둘러보며 재빨리 디자인을 시작한다. 마음이 변할까, 공간이 없어질까, 걱정 아닌 걱정을 하면서 이사 날짜를 정한 뒤 짐을 차곡차곡 정리한다. 공간을 함께 쓰기로 결정한 뒤 강서아이쿱생협 활동가들 사이에서 나오는 말들을 살펴본다.

"민집이 집주인이야?"

"눈칫밥 먹는 거야?"

"셋방살이네."

공유 공간을 이해할 새로운 언어가 필요했다. 이런 때는 약간의 지혜가 필요하다. 정색한 채 이렇게 말하면 안 된다.

"그런 말은 하지 마세요. 여기는 공유 공간입니다. 서로 배려하고 합의해서 사용하는 곳이거든요."

공간 공유를 한 경험이 없는 사람들에게 이런 말은 잔소리이거나 젠체하는 흰소리일 뿐이다. 지혜는 우리에게도 필요했다. 공간을 함께 쓰는 사람들의 얼굴을 익혀야 했고, 얼마간은 서로 어색하게 인사만 할 뿐이었다.

함께 지내보니 몇 가지 약속이 필요했다. 청소나 분리수거를 비롯해 냉장고도 문제였다. 냉장고에 들어간 음식물을 바로 치우지 않으면 오랫동안 두게 되는데, 냄새도 나고 처리도 문제가 됐다. 공간 예약을 할 때도 단체들 사이에 배려가 필요했다. 단체들끼리 공간 사용 일정을 확인하면서 조금씩 조정해야 했다. 이 모든 일이 '셋방살이'라는 말 속에 녹아들었다. 약간의 지혜로 풀릴 상황이 아니었다.

여전히 어색한 사이에 인사만 나누고 정해진 규칙만 확인하지 말고 밥상의 힘을 빌리기로 했다. 밥상 모임을 시작했다. 공간에 와서 그 안에 있는 사람들을 만나고 밥 먹고 이야기하고 차 마시는 일상의 '함께하기'가 몸에 배게 되면 자연스럽게 '공유'라는 말을 내뱉게 된다. 같은 지역에 살지만 마주친 적이 별로 없고 활동력도 서로 다른 사람들이 밥상을 함께하는 일은 쉽지 않았다. 무슨 말을 해야 하고 어떤 표정을 지어야 할지 긴장하게 된다. 긴장은 피로로 이어지기 마련이었고, 귀찮은 마음을 선물하기도 했다. 밥상 모임은 단체별로 한 번씩 돌아가며 끝나버렸다. 다들 너무 바빴다.

함께한 지 1년 6개월이 됐다. 함께하기를 통해 더는 '집주인', '눈칫밥', '셋방살이' 같은 말은 쓰지 않게 됐다. 다른 단체로 엮여 있더라도 반갑게 인사하고, 각자의 조직을 이해하고, 함께 활동하는 사이가 됐다.

강서양천민중의집 사람과공간에서 만난 사람들이 있다. 9호선 지하철 청소 노동 하는 사람, 돌봄 노동 하는 사람, 서비스직 노동 하는 사람, 지역 활동 하는 사람, 그림책 좋아하는 가사노동 하는 사람, 꿈꾸는 청년 사람, 철을 만지는 사람 등 우리 지역에 사는 사람들이다. 다양한 사람들이 한 공간에서 강의도 듣고, 토론도 하고, 술도 마시고, 노래도 부르고, 일도 하는 일상을 나눈다. 한 범주 안에서 사람을 만나는 데 익숙하던 내게는 새로운 일이었다. 교회, 학교, 생협

같은 틀 안에서만 사람을 만나던 나는 사람과공간에서 이런저런 주제로 엮인 사람들을 만나면서 다양함을 경험하고 새로움을 느꼈다.

2018년 가을, 사람과공간 사용 후기를 부탁할지 모른다는 연락을 받았다.

"네."

생각 않고 대답해버렸다. 그러고 나서 왜 그랬을까 후회하지만, 처음에 사람과공간에 발을 들인 때처럼 꼼지락거리는 발가락을 바라보며 내게 위로를 건넨다.

"어쩔 수 없어. 그냥 이렇게 또 시작되는 거야."

아니 꿈을 꾼다.

"이 책이 잘 팔리면 좋겠다."

지속 가능한
소확행의 장,
사람과공간

조은순 | 서울강서양천여성의전화

품격 있는 나이듦에 관한 생각이 깊어지는 나이다. 그렇게 살기 위한 내 실천의 장 중 하나가 바로 이곳, 사람과공간이다. 서울강서양천여성의전화 회원인 '나'와 '강서양천민중의집 사람과공간'의 인연은 지역 단체 연대에서 시작됐다. 벌써 5년째, 깊은 관계다. 나는 이곳에서 그 이름에 걸맞게 공간을 매개로 의미 있는 일을 벌이고 사람들을 만나는 새로운 교차점들이 만들어지는 풍부한 경험을 했다.

문을 열기 전, 창립 멤버인 지인을 따라 사람과공간에 처음 간 때가 기억난다. 공간 규모, 카페식 인테리어, 실무자들이 쓰는 방, 아일랜드식 주방, 온돌방을 둘러보며 눈이 휘둥그레졌고, 어떤 일을 하는 곳인지 잘 모르면서도 마냥 즐겁고 기뻤다.

사람과공간은 믿음을 배신하지 않고 우리 지역의 훌륭한 구심체가 됐다. 약자를 우선하는 인권 감수성을 바탕으로 여러 사안에 개입하고 의제로 만들어 시민들의 힘을 모았다. 우직한 지원자이자 든든한 지지자였다. 나도 함께 연대하면서 책 속에 나오는 막연한 민주 시민이 아니라 자긍심과 책임감을 지닌 주체적인 주권자가 됐다.

사람과공간은 내 삶의 '소확행'을 찾아줬다. 혼자 먹지 않기(반찬 만들기), 커피 강좌, 독서 모임, 노후 자원의 근간이 될 몸펴기, 노동 감수성을 익힌 노동 활동가 교육, 사진과 그림으로 노동 현장 표현하기 등에서 멋진 사람들을 만났다. 다양한 강좌를 통해 앎을 공유했고, 서로 힘주고 힘 받으며 세대끼리 소통했고, 다양한 삶의 접점과 개성도 성평등하게 나누면서 관계의 폭을 넓혔다.

사람과공간은 사회를 보는 힘을 길러줬다. 삶의 근본적인 질문에 접근하는 방식이 여성운동 단체하고는 달랐다. '노동'이라는 출발점에서 노동자의 시각으로 보는 세상 읽기는 사고의 지평을 넓히는 데 도움이 됐다. 동시대를 살아가는 한 사람으로서 주변의 아픔을 외면하지 않는 이들이 벌이는 활동을 보며 감성적 분노에 젖어 '우리만의 리그'에 그칠까 염려하지 않아도 될지 모른다는 기대가 커졌다. 평등과 연대를 바탕으로 한 민주주의 실천의 장이 사람과공간에서 펼쳐지기를 바랐다.

반가운 소식을 들었다. 사람과공간이 '지속 가능한 민중의 집'이 되려고 새로운 도약을 준비한다고 한다. 새롭게 마련하려는 공유 공간은 우리 지역에 또 한 번 새바람을 일으키리라 믿는다. 힘을 모아야 할 때 힘을 모으는 연대는 얼마나 아름다운가! 그 아름다운 참여에 함께하면서 상상이 현실이 되는 기적이 일어날 그날을 생각하면 벌써 가슴이 벅차다.

민주 시민의식을 고양하는 교육의 장, 지역 주민의 자발적인 모임의 장, 문화가 있는 온유한 공간, 더불어 함께 살아가는 삶의 가치가 꽃피는 (가)민중회관이 탄생하기를 바란다.

연대하는 삶이 주는 기쁨

이진영 | 어린이책시민연대 양천지회

나는 어린이책하고 더불어 독서문화 운동을 하는 시민단체 '어린이책시민연대' 양천지회 회원이다. 지역에서 활동하다가 양천 지역 시민사회단체들이 모인 협의체인 양천마을공동체네트워크(양천마을넷)에 연결됐고, 양천마을넷의 구성원인 강서양천민중의집 사람과공간(민집)도 알게 됐다. 노동자가 주축이 돼 만든 마을 공간이 내가 사는 지역에 가까이 있으며 그 공간에 인연이 닿았다는 사실이 신기하기도 하고 행운이라는 생각도 했다. 공간을 통해 노동이 마을에 어떻게 연결될까 하는 호기심에 더해, 지역 사회를 변화시키기 위해 먼저 고민하고 마음과 돈을 모아 공간을 만든 사람들의 노력에 감사한 마음도 들었다. 무엇보다도 이런 사람들을 만나 어떻게 살아가게 될까 하는 기대감이 가장 컸다.

모든 일은 사람이 하는 일이라서 '민집 사람들'을 알아가는 시간이 먼저 있었다. 민집에서 열리는 행사에 초대받아 사람들을 알아가고 관계망도 넓어졌는데, 알고 보니 '민집 사람들'은 민집에 속한 사람에 한정되지 않고 민집을 찾아온 사람, 민집이라는 공간을 통해 만나게 되는 모든 사람을 일컫는 말에 가까웠다. 2014년 4월 16일에 세월호 참사가 일어난 뒤 지역에서도 추모 자리가 하나둘 생겨났다. 추모하는 마음을 알음알음 모아가던 어느 날, 저녁 강서·양천 지역에서는 처음으로 민집에서 주민들이 만나 자발적인 추모 모임을 열었다. 나는 어린이책시민연대 양천지회와 강서지회 회원들에게 이 소식을 알리고 함께 참여했다. 강서·양천 지역의 단체 활동가, 노동조합의 조합원, 진보 정당의 지역 당원, 홍보물 보고 처음 민집을 찾아온 주민까지, 세월호 희생자를 추모하는 마음을 지닌 사람들로 민집이 가득찬 그 밤이 생생하다. 다시 떠올린 그날의 기억은 '광장'이라는 단어를 연상시킨다. 광장이 하는 기능처럼 그날 민집에 모여든 사람들은 그 뒤 '세월호를 기억하는 강서양천시민모임'(세기강양)의 모태가됐고, 이 모임은 4년이 지난 지금도 세월호 참사 진실 규명을 위한 지역 활동을 이어가고 있다. 이날의 경험을 통해 나는 공공성을 띤 어린이책시민연대의 운동을 지역 사회에 알리는 공간이자 우리들의 운동이 지역의 운동이 되게 만드는 광장으로 민집을 인식하게 됐다.

핵발전소에서 만든 전기를 도시로 보내려고 만든 송전탑은 송전탑 주변에서 살아가는 사람들의 삶을 송두리째 망가트렸다. 국책 사업이라는 이유로 하루아침에 평생 살던 집과 농사짓던 땅을 내놓아야 했고, 송전탑에서 나오는 전자파 때문에 건강에도 이상이 생겼다. 밀양은 고리 핵발전소에서 만든 전기를 보내는 76만 5000볼트 초고

압 송전탑이 지나가는 지역이다. 몇몇 밀양 주민은 10년 동안 송전탑 건설 반대 운동을 벌였고, 2013년부터 경남 지역에서 활동하는 어린이책시민연대 회원들도 이 싸움에 연대했다. 경남 회원들이 벌인 활동 덕에 밀양 송전탑 건설 반대 운동을 접하게 되면서 우리는, 송전탑 주변 주민들의 눈물을 타고 흐르는 전기는 필요 없다고, 더군다나 위험한 핵발전소가 만들어내는 전기를 보내려 땅덩이가 넓은 나라에서도 인적이 없는 곳에나 짓는다는 76만 5000볼트 초고압 송전탑을 마을 한복판에 버젓이 세우는 에너지 정책은 문제가 있다고, 이런 정책이 결국 이명박 정권의 원전 수출 비리에 연관된다고 지역에도 알리자는 생각을 했다.

송전탑 주변 주민들의 아픔에 공감하고 탈핵 운동에 관심이 있는 지역 단체들에 연락했다. 어린이책시민연대 양천지회와 강서지회를 비롯해 생활협동조합, 환경 단체, 녹색당 등이 함께하기로 했다. 민집에서도 이 문제에 공감하고 공간 대여 형태로 함께했다. 2015년 3월에는 밀양 송전탑 건설 반대 운동을 담은 다큐멘터리 〈밀양아리랑〉 공동체 상영회를, 2017년 7월에는 신고리 5호기와 6호기 백지화를 위한 '탈핵탈송전탑 콘서트'를 열었다. 이때마다 밀양송전탑건설반대대책위와 밀양 주민들도 올라와 강서·양천 지역 사람들에게 밀양 이야기를 직접 들려주셨다. 시간이 흐른 지금, 서울 강서·양천 지역에 사는 사람들과 경남 밀양 사람들이 민집에서 만나 탈핵과 탈송전탑이라는 동시대의 문제를 이야기하고 함께 웃고 울던 그날이 어떤 감각으로 남아 있다. 아무리 멀어 떨어져 사는 사람들의 문제라도 우리 사회가 겪는 아픔이라면 서로 만나고 이어져 우리 문제, 내 문제로 공감할 수 있겠다는, 서로 힘이 돼 세상을 살아갈 수 있겠다는 연대하는 삶의 감각!

2016년 어느 여름날, 민집의 나상윤 대표가 지역에서 노동이 존중받는 문화를 만들기 위한 활동으로 노동 관련 책 독후감 공모전을 해보자고 제안했다. 어린이책시민연대가 독서문화 운동을 하는 단체니까 책으로 문화를 만드는 일에 함께해달라는 말씀이었다. 책이라는 어린이책시민연대의 키워드와 노동이라는 민집의 키워드가 만날 수 있는 좋은 기회라고 생각해서 흔쾌히 동의했다. 첫 기획 회의에는 지역에서 책과 노동이라는 키워드를 가지고 활동하는 사람들이 모였다. 어린이책을 읽고 책 토론을 하고 책 읽어주기를 하는 어린이책시민연대의 활동은 주로 지역 도서관에 한정돼 있었다. 민집을 통해 어린이책시민연대의 활동이 다른 영역하고 연결돼 더욱더 확장될 수 있겠다는 생각이 들었다.

강서·양천 지역 주민들이 《전태일 평전》을 읽은 뒤 독후감을 쓰고 노동하는 순간을 담은 사진을 찍는 경험을 통해 노동 존중 문화가 확산되는 계기를 만들어보자는 기획은 북콘서트, 사진 전시회, 독후감과 사진 공모 시상식으로 그해 말까지 이어졌다. 공모전 심사 때문에 제목만 익숙하던 《전태일 평전》을 자세히 읽으면서 노동자 전태일의 인간적인 삶과 우리 사회의 노동 문제를 깊이 생각하기도 했다. 독후감 공모전에 참여하느라 책을 읽은 사람뿐 아니라 북콘서트에 이야기 손님으로 참석한 지역 노동자, 노조 위원장, 고등학생, 단체 대표들도 전태일의 삶이 지금 자기의 삶에 어떻게 연결되는지 이야기했다. 노동자 전태일이 살아간 1970년의 평화시장과 2016년의 민집이 시공간을 뛰어넘어 노동하는 모든 사람들의 인간다운 삶을 이야기하며 이어지는 느낌이었다. 물질적인 삶의 조건은 풍요로워졌지만 일하며 살아가는 노동자의 삶이나 노동을 존중하는 문화는 얼마나 어떻게 달라졌을까 하는 이야기를 나누는 사이에 지역에서 마을과 노동이 연대하는 삶의 소중함을 깨닫게 됐다.

민집에서 여러 활동을 함께하다가 운영위원으로 참여해달라는 요청을 받고 2018년부터 운영위원회에 참석하고 있다. 노동자와 마을 활동가 등으로 구성된 운영위원회는 민집이 강서·양천 지역의 노동과 마을을 연결하면서 더욱 확장될 수 있게 지혜를 모은다. 무엇보다 사람을 가장 소중하게 여기는 삶을 지역에서 일구고 그런 사람들이 살맛나는 지역을 만드는 데 연대하는 삶의 기쁨을 경험할 수 있게 해주는 민집이 무척 소중하고 감사하다. 뉴스를 틀면 점점 더 나빠지기만 하는 듯한 세상의 변화를 확인하는 와중에도 민집이라는 광장을 통해 지역에서 만나고 연결되는 사람들과 삶의 경험들이 서로서로 힘이 될 날들을 기대하게 된다.

마음이 깃드는 정원,
사람이 깃드는 공간

강명옥 | 돌봄노동자 소모임 마음정원

돌봄 요양 노동자는 노인을 돌본다. 요양보호사 제도가 시행된 지 올해로 10년. 남의 똥 치우며 열심히 일해도 언제나 돌아오는 건 사회적 편견과 저임금, 갑질 노동 환경이다. 그렇게 묵묵히 10년을 일했다. 강서양천민중의집 사람과공간에서 2015년 6월 돌봄 요양 노동자를 위한 강의가 여덟 차례 열렸다. 그림책을 중심으로 하는 글쓰기 강의였는데, 강서·양천 지역에서 일하는 돌봄 요양 노동자들에게 사람과공간을 알리는 계기가 됐다.

강의에서는 돌봄 요양 노동의 현장에서 벌어지는 힘겨운 노동의 열기를 전해주는 생생한 글들이 터져 나왔다. 임○○ 요양보호사가 유년 시절의 할머니를 떠올리며 쓴 글의 일부다.

우리 할머니가 돌아가시기 전에 망령(요즘은 치매)이 들었다. 대변을 몸빼에 싸가지고 아래채 변소에 가신다. 나는 그 대변 싼 바지를 벗겨 다 치워드렸다. 나는 그래서 그런지 지금도 할머니들을 좋아하고 요양사 일을 하는지도 모른다. 지금 대상자님이 1등급 할머니다. 대변을 치우고 해도 더러운 건 모르고, 할머니 대상자를 뵈면 어린아이 같은 천사다.

강의가 모두 끝나고 2015년 10월 돌봄 요양 노동자들이 모여 인문학 소모임 '마음정원'을 만들었다. 강서양천민중의집이 어머니 같은 손길로 환영한 덕에 모임을 꾸릴 수 있었다. 인문학 소양을 기르고 같은 노동 환경에 놓인 노동자끼리 각자의 처지를 공감하는 자리였다. 이런 공감이 2015년 10월부터 현재까지 모임을 이어온 힘이다.

2015년 10월부터 달마다 한 번 사람과공간에 모였다. 한 번도 안 빼고 3년 넘게 모임을 이어오고 있다. 서울노동권익센터 소모임 지원 사업에 선정돼 2년 동안 지원받은 강의료도 큰 힘이 됐다. 비정규 노동자들이 호주머니를 털어 모임을 지탱하고, 나아가 원하는 강사를 초청해 강의를 듣는 일은 결코 쉽지 않다. 앞으로도 소모임 지원 사업이 이어진다면 마음정원도 흔들림 없이 함께할 수 있으리라.

매달 인문학 소양을 키울 주제를 찾고 그 주제에 맞는 그림책을 골라 함께 이야기를 나누는 자리를 만들었다. 최수복 작가가 인문학 강의를 하면서 일상의 경험을 넘어선 나눔, 사랑, 정의, 권리 등 철학적 주제를 선정했다. 세상을 바라보는 시야를 넓히고 성숙한 자아를 지니려는 노력이었다. 소모임은 늘 재미있고 알찼다. 다들 의욕이 넘치고 배려하는 마음이 따뜻했다. 갈고닦은 글쓰기 실력을 유감없이 발휘할 때도 있었다. 사람과공간이 주관한 '제1회 노동 존중 문화 증

진 사업 독후감 공모전'에서 마음정원 소모임에서 활동하는 강명옥
과 한주석이 일반부 우수상에 당선했다.

우리는 모른다. 언제까지 돌봄 요양 노동자로 살 수 있는지. 다
들 근골격계 질환으로 고통받는다. 어르신을 들거나 자세를 옮기거
나 목욕시킬 때 힘을 많이 써야 한다. 팔, 어깨, 허리가 끊어질 듯 아
프다. 안마와 기저귀 갈기를 무한 반복하다가 손가락이 저리고 주먹
이 쥐어지지 않을 때도 있다.

우리는 안다. 더는 저임금과 성희롱, 모욕적인 노동 조건에 침묵
하지 않아야 한다는 사실을. 인문학을 공부하면서 우리가 존엄한 존
재라는 진실을 알았기 때문이다. 마음정원이 우리를 성장시켰다. 사
람과공간은 마음정원을 튼튼하게 뿌리내릴 수 있는 '친정 엄마'였다.
다시 한 번 감사드린다.

노조와 지역의
연결고리,
사람과공간

김문석 | 금속노조 삼성전자서비스지회 양천분회

삼성전자서비스지회는 2013년 7월 14일에 설립됐다. 노조가 생기고 얼마 지나지 않아 강서구 인근에 민중의 집을 만든다는 소식을 들었다. 노조도 이제 막 시작한 터라 정신이 하나도 없을 때였다. 그런데 민중의 집을 설립하려 한다는 나상윤 대표님의 말씀을 들으면서 무척 반가웠다. 마침 우리가 주로 활동하는 지역에 노조가 모일 수 있는 공간이 생기는 셈이었다. 신생 노조인데다가 분회 조합원 20여 명이 모여서 회의할 공간을 회사에서 내줄 리가 없었다. 센터에서 500여 미터밖에 안 되는 거리에 생긴다니 더 좋았다. 민중의 집이 공사 중일 때 우리 분회 조합원도 여러 명이 가 미약하나마 일손을 거든 기억이 있다.

민중의 집이 사람과공간이라는 이름을 걸고 문을 연 뒤, 우리 분회는 회의하러 사람과공간을 자주 찾으면서 자연스레 여러 프로그램에도 참여했다. 평등사회노동교육원에서 진행하는 활동가 기초과정에 매주 참여하면서 사람과공간에 친숙해졌다. 그 밖에 여러 프로그램에 참여했지만, 집수리 봉사 활동이 기억에 남는다. 독거노인이나 생활 보호 대상자 같은 취약 계층 가정에 찾아가 청소, 도배, 전기 공사 등을 했다. 힘은 들었지만, 끝나고 행복해하는 분들의 모습을 보면서 감동하고 성취감도 느꼈다. 밥상 모임, 선전전 등 하나하나 기억은 안 나지만, 사람과공간이 문을 연 뒤 지역에서 벌어지는 뭔가에 참여하면서 노조 활동도 뒷받침하는 여러 경험을 할 수 있었다.

사람과공간을 드나들며 자연스레 비슷한 처지에 있는 지역 노동자들을 만났다. 새로운 동지들을 만나 인사를 나누고, 노동자들, 특히 비정규직 노동자들의 삶이 크게 다르지 않다는 사실도 느꼈다. 2014년 염호석 열사 문제로 서초동에서 노숙하며 파업 투쟁을 할 때 서울 권역 조합원 60여 명이 사람과공간에 와 교육을 하고 영화를 봤다. 분회 회의는 물론 서울지회 간부회의 등 양천분회를 넘어 삼성전자서비스지회가 활동하는 공간으로 활용하기도 했다. 특히 10여 년 전 삼성전자서비스에서 함께 일한 동료를 우연히 만난 일이 기억에 남는다. 양천분회가 요즘에는 사람과공간이 벌이는 활동에 많이 참여하지 못하지만, 그래도 후원 주점과 김장 나눔, 비정규직 연대 모임 같은 행사에 꾸준히 함께하면서 인연을 이어가고 있다.

어느새 6년째에 접어든 사람과공간에 특별히 바라는 점은 없다. 나를 포함해서 양천분회가 사람과공간 활동에 많이 참여하지 못하는 터라 죄송할 따름이다. 그래도 굳이 바라는 바를 말하라면, 초심을 잃지 않고 애초 취지에 맞는 프로그램을 이어가면 좋겠다는 말씀을 드리겠다. 지금처럼 지역에서 노조와 주민을 잇는 연결 고리로 꾸준히 활동하면 좋겠다. 뭔가를 꼭 해내도 좋겠지만, 일단 지역 주민들이 노조를 바라보는 인식이 바뀔 시간도 필요하고, 노조도 낡은 투쟁 방식에서 벗어나 지역 주민들하고 공감대를 만들어내는 노력을 해야 한다.

이론으로야 누구나 할 수 있는 이야기지만 현실에서는 어려운 일이다. 그래도 그 중심에 사람과공간이 굳건히 버티고 선 채 꾸준히 활동하면 우리가 바라는 지역 연대가 실현되는 날이 조금은 앞당겨지리라고 생각한다.

다음 정차역은
사람과공간
입니다

강선규 | 9호선 청소 노동자

2012년 9월 20일 나는 김포공항에 지하철 9호선 미화원으로 취직했다. 격일제 근무이기는 해도 하루 평균 15시간이 넘게 일해야 해서 몸에 무리가 많이 갔다. 급여도 다른 지하철보다 낮았다. 회사에 가끔 업무나 급여에 관련해서 불합리한 점을 얘기는 해봤지만, 말 그대로 얘기해보는 정도로 끝났다.

그러던 중 새로 온 반장님, 지금 우리 노조 사무국장인 이창호 반장님이 노조를 만들자고 제안했다. 당신이 총대를 메셨다. 그렇게 2015년 11월에 9호선에서 처음으로 노조가 생겼다. 나는 얼떨결에 노조 지부장을 맡았고, 회사를 상대로 1년 동안 밀고 당기는 상황이 이어졌다. 7년 동안 독점한 용역업체가 바뀌어야 뭔가 변화할 수 있겠다는 생각에 할 수 있는 일은 다해서 업체를 바꾸는 데는 성공하지만, 돌아온 결과는 민주노총 조합원 12명 해고였다. 우리는 부당 해고에 맞서 싸우기로 결심했고, 2017년 1월 1일부터 9호선 개화역 1번

출구에서 현수막 1개에 피켓 몇 개 들고서 무조건 아침부터 저녁까지 서 있었다. 투쟁이 뭔지, 도대체 투쟁을 어떻게 하는지도 모르고서 시작한 싸움이었다.

그렇게 하루하루가 흘러갔다. 시작할 때는 길어야 일주일이면 끝나겠지 하고 쉽게 생각했다. 그런 생각이 착각이라는 현실은 일주일 뒤 금방 알 수 있었다. 일주일 만에 지치는 사람도 나왔고, 계속해야 할지 그만둬야 할지 의견이 나뉘기 시작했다. 그런 와중에도 개화역을 지나가면서 격려를 해주는 분들이 생겼다. 그런 작은 격려가 내일도 나와 피켓을 들 수 있는 힘이 됐다.

불안함에 그만둘까 계속할까 하는 생각이 하루에도 몇 번씩 머릿속을 오갈 때 정의당 청년 당원이라면서 며칠 안으로 다시 오겠다는 말을 남기고 간 사람이 있었는데, 바로 한민호 동지였다. 우리를 도와주려는 사람이 있다니 신기하고 믿기지 않았는데, 정말 며칠 뒤에 나상윤 대표님을 비롯해 우리하고 함께하겠다는 분들이 개화역으로 찾아오셨다. 세상에 이런 일도 있구나 하는 기쁨과 고마움이 한꺼번에 밀려오는 순간이었다. 그렇게 나, 아니 우리 9호선 청소 노동자들은 사람과 공간하고 인연을 맺었다.

민중의집이 어떤 곳이고 무엇을 하는 곳인지 잘 알지 못했지만, 지푸라기라도 잡고 싶은 우리들에게는 한줄기 희망으로 다가왔다. 비정규직 밥상 모임을 하니 같이 와서 밥 한끼 먹자는 말도 했다. 다른 사람들에게 우리 사정을 알리고 강서구에서 비정규직으로 일하는 사람들도 만나 좋은 얘기도 나눌 수 있다고 해서 기대와 설렘과 어색

함 속에서 민중의집이라는 곳에 처음 발을 들여놓았다.

사람과공간은 지역의 노동조합, 협동조합, 시민사회단체, 진보 정당 등이 모여 지역에서 벌어진 일을 서로 협업해 해결할 수 있게 돕는 곳이라는 나상윤 대표님의 설명을 들으면서, '내가 사는 곳에 이런 곳이 있었구나' 하는 생각도 들고 우물 안 개구리처럼 갇혀 살았구나 싶기도 했다. 사람과공간을 통해 우리가 겪는 어려운 사정을 알고는 같이 싸워주겠다며 사람들이 모여들었다. 나 하나 살기도 바쁜 세상에 나보다 어려운 사람들에게 힘을 실어주겠다고 오는 사람들, 그런 이들은 힘 있는 사람들이 아니라 평범한 우리 이웃이었다. 혼자가 아닌 우리. 우리의 하나 된 힘이 결국 복직이라는 기쁜 승리를 낳았다. 살면서 이런 기쁨을 느끼는 순간이 얼마나 될까? 함께해서 얻은 열매다.

민중의집은 그런 곳이다. 함께하는 곳. 민중의집에는 교육 과정도 있고, 강의도 많고, 뜻을 같이하는 사람들끼리 모이는 소모임도 많다. 남녀노소 누구에게나 열린 공간이다. 이 공간을 이용하는 모든 사람들이 그러하듯 9호선에서 일하는 우리에게 민중의집은 특별함이 더한 곳이다. 노동조합이 뭔지를 알게 해준 곳이며, 나만 알던 삶에서 더불어 살아가는 삶이 무엇인지, 어떻게 해야 더 많은 사람들하고 함께할 수 있는지, 그렇게 느끼는 행복이 나와 내 이웃을 얼마나 더 단단하게 엮어주는지 알게 해준 곳이다.

매년 하는 김장 나눔에 우리 조합원 안영숙 동지하고 같이 다녀왔다. 안영숙 동지는 정말 크게 감동했다고, 앞으로도 이런 나눔에

동참하고 싶다고, 이제라도 함께할 수 있어서 다행이라고 했다.

　민중의집은 더불어 사는 삶을 알게 해준 곳이지만, 우리는 가까운 곳에 이런 공간이 있다는 사실을 잘 모른다. 나도 그랬지만, 사람들은 자기 살기 바빠서 주위를 돌아볼 겨를이 없다. 내가 누군가의 도움을 받고 다른 손에 이끌려 민중의집을 알았듯이, 나도 누군가의 손을 잡고 함께 나누는 삶을 전해야 한다. 그런 일이 마음처럼 쉽지 않다는 사실을 새삼 느끼면서 먼저 찾아와 도와주는 사람들이 얼마나 고마운 이들인지 알게 됐다.

　다만 이렇게 의미 있는 만남을 나누는 사람 중에 새로운 얼굴을 찾기가 쉽지 않다. 늘 보는 사람들만 모인다는 생각이 들 때가 많다. 한 번 왔다가 나하고는 안 맞다고 생각해서 두 번 걸음을 하지 않는 건지, 선뜻 어울려 녹아들기 어려운 분위기가 있는 건지 알 수는 없지만, 민중의집이 문턱 없는 공간이 되려면 한 번쯤 고민해봐야 한다고 본다. 나 혼자만의 생각인지, 기다림의 시간이 필요한 건지.

　먼 곳에서 찾을 일이 아니다. 우리 노조 조합원들조차 교육이나 좋은 강의가 있어도 시간이 없고 피곤하다는 이유로 민중의집을 잘 찾지 않는다. 정말 시간이 없을 수도 있지만, 사람 관계는 자주 봐야 끈이 이어진다. 모든 일이 그렇듯 부단히 노력해야 하는 일이지 싶다. 누구에게나 열려 있는 곳, 사람으로 산다는 것이 바로 이런 것이라고 알려준 민중의집에 더 많은 사람들이 찾아오기를 바란다. 그 속에 나도 있다는 것이 행복하다. 강서양천민중의집 사람과공간이 사람이 넘쳐나는 공간이 되기를 바란다.

어려울 때 함께한 곳,
함께해서 행복한 곳

김은선 ┃ 사단법인 희망씨 사무국장 겸 상임이사

민중의집 사용 후기를 부탁받고 한참이나 고심했다. 2014년부터 함께 사업을 하고 있기는 하지만, 더불어 사는 삶 사단법인 희망씨(희망씨)는 강서 지역에 기반을 둔 단체가 아닐뿐더러 좀더 밀접한 관계를 맺은 희망연대노동조합 SK브로드밴드 비정규직지부 강서지회 조합원들이 쓰는 편이 낫다고 생각한 때문이었다. 그래도 작은 소회나마 함께할 수 있으리라 여기고 기쁜 마음으로 몇 자 적어본다.

희망씨는 2013년 9월 13일 발기인 대회를 마치고, 그해 11월 5일 설립 총회를 거쳐, 2014년 2월 14일 서울시에서 법인 설립 인가를 받았다. 2013년 조합원 총회를 열어 '나눔연대법인' 설립을 의결하고 조합원과 지역 주민하고 함께 법인 설립을 주도한 희망연대노동조합 집행부의 결의가 뒷받침된 결과였다. 노동자와 서민이 주체가 돼 어린이와 청소년이 건강한 노동자로 성장하는 과정을 돕는 일을 주요 목적으로 한 희망씨의 주요 사업은 국내 위기아동 지원, 네팔 아동 지원, 노동 인권, 비정규 노동자 가족 지원 등이 주요 사업이다.

희망연대노동조합이 지역 사회운동 노조를 실현하기 위해 세운 법인인 만큼 희망씨는 조합원들과 지역 주민을 잇는 생활문화 연대 사업과 지역 사업에 긴밀히 협력하고 있다. 그런 과정에서 강서양천 민중의집 사람과공간 나상윤 상임대표를 만나게 됐다. 2014년 티브로드협력사협의회와 희망연대노조 케이블방송비정규직티브로드지부(케비티지부)가 임단협을 맺으면서 마련된 사회 공헌 기금 중 일부로 강서 지역에서 함께 지역 공헌 사업을 하자고 제안하는 자리였다. 다른 곳에서 지나가면서 몇 번 마주친 적 있는 노동운동 선배라 약간 설렘도 더해진 상태에서 강서 지역을 무대로 벌일 사업의 밑그림을 그리는 작업이 시작됐다.

희망연대노동조합에 2014년은 매우 어려운 한 해가 됐다. 강서양천행복나눔사업단이 출범하고 취약 계층 건강검진 지원 사업을 큰 줄기로 해서 지역 사업이 시작됐지만, 희망연대노조 조합원들은 그리 적극적으로 참여하지 못했다. 사업 초기부터 지역에 밀착해 힘을 실어줘야 했는데, 거의 모든 지부가 전면 파업, 직장 폐쇄, 고공 농성 등 사활을 건 투쟁을 벌이면서 사실상 간부들만 참여하게 됐다. 특히 강서·양천 지역 사업을 주도한 케비티지부는 2014년 6월부터 전면 파업, 직장 폐쇄, 노숙 농성, 현장 복귀 등이 이어지며 전체 조합원이 3~4개월 동안 임금 한푼 제대로 못 받고 노동조합을 지키려 투쟁했다. 딜라이브지부(그때는 씨앤앰지부)와 케이블방송비정규직지부(씨앤앰 협력사 노동자들로 구성된 비정규직 지부, 케비지부)는 케비

지부 해고자 109명의 복직을 요구하며 약 6개월 동안 투쟁하고 있었다. 케비지부의 전면 파업, 이어 진행된 씨앤앰 정규직 노동자들의 연대 파업, 두 달 정도 이어진 비정규직 노동자들의 고공 농성은 그해 연말에 극적으로 타결돼 해고자 109명이 복직했다. 2014년에 결성된 통신지부(SK브로드밴드 비정규직지부와 엘지유플러스 비정규직지부)는 노조 인정 투쟁과 하청 노동자 노동 조건 개선 투쟁을 벌이며 해를 넘겨 고공 농성을 이어가다가 다음해 3월에 투쟁을 마무리했다. 이런 과정에서 간접 고용 비정규 노동자 3000여 명이 중심이 된 희망연대노조는 빚만 20억 원을 넘게 졌다. 노조가 전면 투쟁을 벌이면서 조합원들까지 지역 사업에 참여하기는 어려웠다. 이때부터 강서 지역에서 지역 사업은 소수 간부 중심이 돼 진행한다고 조합원들이 받아들이게 된 듯하다.

갑자기 불어닥친 투쟁의 소용돌이 속에서도 희망연대노동조합은 지역 사업에서 중심을 놓지 않을 수 있었다. 노조에 생활문화연대국과 희망씨가 있었지만, 노동하고 함께 지역에서 연대를 실현하려한 여러분들의 노력이 더해진 덕이었다. 대표적인 곳이 사람과공간이다. 강서·양천 지역의 비정규 투쟁 단위를 초대해 밥상 모임을 진행하면서 지역의 정규직 노조와 비정규직 노조가 만나게 주선하고, 지역 사회에서 비정규 노조의 투쟁을 공유하며 연대를 이끌었다. 먼저 제안한 노조가 투쟁 때문에 적극적인 구실을 하지 못할 때 중심을 잡고서 지역 공헌 사업을 기획하고 조직하고 끌어갔다. 지역 사회의 노력 없이는 강서양천행복나눔사업단이 지금까지 유지되기 힘들었다.

2015년 희망씨는 '서울시 공정일터 조성사업' 공모에 선정돼 강서 지역과 성동 지역에서 '감정노동자 힐링프로그램'을 진행하게 됐다. '명상캠프'와 '힐링캠프'를 핵심 사업으로 해 콜센터 노동자, 설치 수리기사 등 다양한 감정노동자들을 대상으로 마음을 다독이는 프로그램이었다. 8차례에 걸쳐 열리는 명상캠프를 진행할 적당한 장소를 찾는 과정에서 '공간'의 중요성을 다시 한 번 느꼈다. 공간을 내어준 사람과공간과 성동근로자복지센터가 아니면 진행하기가 쉽지 않았다. 이 사업을 하면서 희망씨는 강서양천여성의전화 상담 노동자들을 만났다. 명상캠프와 1박 2일의 연극 치료가 중심이 된 힐링캠프를 함께하면서 노동과 지역이 자연스럽게 만나는 과정을 경험했다.

강서양천행복나눔사업단은 티브로드가 사회 공헌 기금 출연을 중단한 상황에서도 각 지회 분담금으로 사업단을 유지하면서 지역 사회와 노동조합이 만나는 연결 고리가 되고 있다. 마찬가지로 강서양천민중의집 사람과공간이 지역에서 '거점'으로 굳건히 자리잡고 있어서 가능한 일이다.

희망연대노조의 각 지회의 역사도 짧게는 몇 달에서 길게는 10년까지 폭이 넓어졌다. 그런 만큼 지역 사회 연대에 관련한 공감과 공유, 참여의 정도도 다양해지고 있지만, 시간이 흐를수록 이 수준을 높이는 일이 호락호락하지는 않다. 지부나 지회의 간부들이 바뀌면서 지역 사회를 잇는 연결 고리가 끊기는 일이 반복되기도 한다. 생활에 밀접히 연관되고 노동 감수성을 지닌 지역 거점의 존재가 빛을 발하게 되는 순간이다.

아직 소수이기는 하지만 노동조합이 지역의 문을 두드리고 연대하려 할 때, 함께 손잡고 지역을 다니며 노동조합을 소개해줄 곳이 필요하다. 때로는 노동조합이 안으로 움츠러들 때 주민들하고 함께 찾아와 빗장을 풀라고 두드려줄 곳이 필요하다. 그런 공간은 지역의 커다란 자산이다. 강서양천민중의집 사람과공간이 이름처럼 사람과 사람의 마음에 따뜻한 공간으로 자리매김되는 이유가 바로 이것이다.

이화의료원노동조합 제2의 사무실, 사람과공간

김점숙 | 보건의료노조 이화의료원지부

조합 간부들이 손수 만든 한끼 식사에 조합원이 마음의 문을 여는 밥상 간담회…….

강서양천민중의집 사람과공간 발기인 대회에서 공간 명칭을 정한 때가 엊그제 같다. 우연치 않게 사람과공간이 문을 열 때하고 비슷한 시기에 나는 이화의료원노동조합 지부장이 됐다. 우리 노동조합은 2012년에 벌인 28일간의 파업이 남긴 후유증에 시달리고 있었다. 조합원들은 이미 병원에서 마음이 많이 떠났고, 심지어 노동조합에도 눈길을 주지 않았다. 현장 순회를 도는 간부들 얼굴을 보는 순간 돌아서서 다른 곳으로 가버렸다. 외면하고 회피하는 분위기가 전체 조합원을 감싸고 있었다. 초짜 지부장으로서 이 난국을 어떻게 헤쳐 나가야 할지 암담했다.

밤 순회를 돌고 동이 트면 집에 가는 길에 숱하게 눈물을 흘렸다. 어떻게 풀어야 할까? 조합원들을 보면 볼수록 얼어붙은 마음부터 녹여야겠다고 생각했다. 친한 사람하고 갈등이 생기면 밥 한끼 먹자고 하면서 풀듯이 우리도 조합원들을 만나 밥 한끼 먹으면서 풀어보자는 단순한 목표를 정하고 준비를 시작했다.

사람과공간이 있어서 이런 생각을 할 수 있었다. 조합원들이 병원 안 모임은 질색했고, 음식점을 가자니 분위기가 어수선한데다가 비용도 감당하기 힘들었다. 모든 문제를 해결한 곳이 사람과공간이었다. 민중의집 대표님이 알려준 값싼 횟집에서 회와 매운탕을 공수하고, 전임 간부가 조금 일찍 가 달걀말이를 부쳐서 상을 차렸다.

2014년 6월 2일 진단검사의학과를 시작으로 이화의료원노동조합 밥상 간담회가 진행됐다. 대의원들도 소극적인 상황이라서 전임 간부들이 현장에 들러 밥상 간담회 소식을 알렸다. 부담 없이 밥 먹자고 말했다.

"우리 노조 간부들이 밥상을 차리니까 식사하러 오세요. 안 오시면 회랑 매운탕 남아요."

퇴근한 조합원들이 6시에 오면 30분~40분 정도 간단한 의료 민영화 교육을 하고 저녁밥을 먹었다. 회와 매운탕에 걸맞은 술도 한잔 준비했다. 첫 간담회는 지금도 잊을 수 없다. 기대 없이 참석한 조합원들은 간부들이 차린 밥상에 감동했다. 자연스레 대화가 이어지면서, 조합원들은 그동안 노동조합에 느낀 서운함과 그래도 소중하게 간직한 애정을 밥상 위에 풀어놓았다. 또한 가까운 곳에 노동자들이 만날 공간이 있고 이런 공간에서 함께 밥을 먹으면서 대화를 할 수 있다는 사실을 신선해했다. 뒤이어 영상의학과, 재활의학과, 간호

조무사, 총무과, 사무부, 간호사, 치과, 외래 간호사들을 초청한 밥상 간담회가 성황리에 진행됐다. 의료 민영화 저지 투쟁과 가두서명, 세월호 집회 등이 이어진 그해 6월, 살인적인 일정을 소화한 노동조합 간부들에게 밥상 간담회는 보약 같은 자리였다.

기억을 더듬어보면 비정규직이 많은 치과 간담회 때는 비정규직 조합원이 모두 참석했다. 그렇게 정규직과 비정규직이 한자리에 모여 밥 먹고 술 마시며 밤늦은 시간까지 이야기를 나눴다. 비정규직의 현실과 현장의 목소리를 고스란히 듣고, 그 숙제를 우리 모두 같이 풀어야 한다는 데 뼈저리게 공감한 자리였다. 밥상 모임을 마치고 집에 갈 때쯤이면 남아서 뒷정리를 다하고 가는 조합원도 있고, 거나하게 취해서 조합 간부들의 등을 토닥이며 잘해보자며 응원하는 조합원도 있었다. 함께 밥을 먹으면서 아직 우리 조합원은, 우리 노동조합은 살아 있다고 느꼈다.

그 뒤 우리 노동조합은 조합원 하루교육, 대의원 대회, 집행위 수련회, 전임자 수련회 등을 사람과공간에서 열었다. 그런 과정에서 조합원과 조합 간부들도 지역 연대 활동과 지역에서 노동조합이 하는 구실에 관해 조금이나마 관심을 갖게 됐다. 지금까지 계속 민중의 집을 후원하는 조합원도 있고, 강서양천행복나눔사업단의 지역 공헌 사업과 김장 나눔 행사에 꾸준히 참여하는 조합원도 있다.

이화의료원노동조합이 펼치는 활동 속에 강서양천민중의집 사람과공간은 커다란 의미를 지닌다. 그사이 5년의 시간을 지낸 사람과공간은 새로운 도약을 준비하고 있다. 더불어 이화의료원노동조

사람과공간에서 간담회를 열고 있는 이화의료원지부 사람들.

합도 마곡에 서울이대병원이 문을 열면서 강서·양천 지역의 대표 병원으로 자리잡는 새로운 환경을 맞이하고 있다. 민중의집은 지역 노동자와 시민단체를 잇는 더욱 든든한 연대의 장이 되고 우리 조합원들은 지역 활동의 영역을 넓힐 수 있게, 강서양천민중의집 사람과공간에 뜨거운 응원을 보내면서 우리가 해야 할 일을 하겠다고 다짐해본다.

요란하고
시끌벅적하게
빵그빵그

임정은 | 빵과그림책협동조합

빵과그림책협동조합, 빵그가 민중의집에 들어와 공간을 공유한 때
는 2017년 11월입니다. 그 뒤로 지금까지 소회의실이 빵그의 주소지
이자 사무실이죠. 빵그와 민중의집이 본격적으로 가까워지기 시작한
계기라고 할 수 있죠.

　그전까지 빵그는 방화동 주택가에 자리한 '반지하bnb'라는 작은
문화 공간을 사무실로 쓰고 있었습니다. 반지하bnb는 문화 예술, 특
히 책을 주제로 주민들이 자발적으로 운영한 문화 공동체 공간입니
다. 2016년 6월에 빵그가 탄생한 자궁 같은 곳이었습니다.

　빵그는 교육 활동이 중심이라 강의나 회의를 하려면 여러 사람
이 모여야 해서 고민이 많았어요. 반지하bnb는 말 그대로 다세대 주
택 반지하에 자리하고 있었어요. 주거 지역이라 앞뒤로 집이 있어서
늦은 시간까지 모임을 할 때 신경이 쓰였고, 차를 끌고 찾아오는 손
님은 골목길이 좁은데다가 근처에 유료 주차장도 없어 주차가 힘들

었거든요. 주차 위반 스티커를 떼기도 하고, 모임을 마치고 나오니 차가 견인된 일도 있었어요. 마침 민중의집 소회의실에서 공간을 쓰던 단체가 다른 공간으로 옮긴다는 이야기를 전해 들었어요. 빵그 조합원들하고 의논을 했습니다. 이사진들도 오래 고민하지 않고 동의해서 민집에 들어오게 됐죠. 반지하bnb, 그 노란 페인트 문을 떠나며 인생의 한 시절을 닫고 여는 기분이 들 정도로 짠했지만, 민집으로 옮긴 선택은 분명 잘한 일이었어요.

신길수홀에서 그림책 큐레이터 정규 수업을 할 수 있어서 가장 좋았습니다. 그림책 큐레이터(초급, 중급, 고급) 과정 교육과 자격증 발급은 빵그의 주요 사업인데요, 과정을 열면 적어도 열 명은 넘는 수강생이 오는데다가 빔 프로젝터 같은 기자재도 필요하죠. 민집은 건물 뒤쪽에 주차장이 따로 있어서 차를 몰고 오기도 편하고, 화장실도 깨끗하고 매일매일 잘 관리돼서 수강생과 조합원이 모두 만족했어요. 교육장이 따로 없어서 구립 도서관이나 외부 강의 요청이 있을 때만 강좌를 열 수 있었는데, 이제 안정적으로 정규 과정을 열 수 있게 된 거죠.

여러 단체가 공간을 같이 쓰려면 규칙과 매너도 필요하지만, 가장 먼저 그 공간을 이해해야겠죠. 공간을 함께 쓰는 일은 운영비 줄이기를 넘어서는 의미가 있다는 점도 공유해야 하고요.

돌이켜보면 처음에는 빵그 안에서도 살짝 민집에 위화감이 들었어요. 공간을 공유한다기보다는 임대인과 임차인의 관계라고 생각하고는 섭섭해하고 불편해하기도 했어요. 공간 사용을 예약하는 일이나 소회의실에 치우지 않고 놓아둔 집기나 가구를 처리하는 문제 등으로 신경이 예민해지기도 했고요. 우리끼리도 민집이나 공간을 공유하는 다른 단체들에 작은 규칙이나 이런저런 요구를 어떻게 조율하고 전달할지 감 잡기가 어려웠어요.

'민중'이라는 단어부터 낯설어서 거부감부터 갖는 분들도 없지 않았어요. 수업을 들으러 민집에 온 수강생이 이렇게 묻기도 했어요. "여기는 뭐하는 곳인가요? 운동권들이 많이 있는 그런 데인가 보죠?" 한번은 베트남 출신 결혼 이주자들하고 민집에서 인형극 연습을 하는데 한국인 남편이 찾아와 경계심을 드러냈어요. "여기는 뭐하는 데죠? 이상한 데 아니죠?" 외국 출신 아내에게 이상한 의도로 접근하는 사람들이 많아서 그렇다며 나중에는 한결 누그러진 목소리로 말했지만요. 이제 빵그 사람들이나 빵그 수업을 듣는 분들에게는 '민중의집'이 그냥 일반 명사가 됐죠. 그래도 '민중', '노동', '노동자', '연대', '투쟁', '동지' 같은 낱말들이 우리에게 자연스럽게 되는 데는 시간과 노력이 필요했답니다.

빵그 사람들만 노력하지는 않았답니다. 소회의실은 따로 문이 없고 자바라 정도로 공간을 나눈 곳이죠. 빵그는 그림책 모임을 하거나 회의를 하면 웃음소리가 워낙 커서 다른 분들에게 방해가 됐으리라고 짐작합니다. 특히 소회의실 바로 곁에 자리한 레디앙 분들은 시끄럽다고 느끼셨을 텐데, 단 한 번도 내색을 하지 않으셨어요. 새삼 감사하네요. 신길수홀에서 조용한 음악 틀어놓고 명상하는 몸풀기팀에 빵그가 내는 웃음소리가 힐링이 됐을지 킬링이 됐을지도 잘 모르겠어요.

　공간을 공유하는 만큼 주인 의식을 가지고는 있지만, 그래도 민집 사무국에 공간을 지키는 상근자가 한 분쯤 계시면 좋겠다는 생각이 들 때도 있어요. 공간을 쓰다보면 민집에 문의할 일이 생기죠. 다른 단체들하고 조율할 일이 있을 때도 민집 사무국을 찾게 되는데, 상근 활동가가 안 계시니 사무실이 닫혀 있을 때가 많아요. 100퍼센트 회원 후원금으로 운영되는 민집의 재정으로는 상근 활동가를 두기 어렵다는 사실을 잘 알지만, 누군가 책임 있게 주인의 처지에서 사람을 맞고, 지키고, 관리하면 좋겠다는 아쉬움이 들기도 하죠. 빵그도 직원이나 상근 활동가를 채용하지 못하고 조합원과 임원들의 헌신과 열정으로 꾸려가는 영세한 협동조합이라서 같은 고민을 해요. 단 한 사람이라도 고용할 수 있는 구조를 만들고, 조직의 생산성과 효율을 높여서 발전할 수 있는 방법은 뭘까요. 얼른 답을 찾으면 참 좋을 텐데요.

　조그만 불편과 아쉬움을 빼면, 민집에 결합한 뒤 빵그는 좋은 점을 더 많이 누리고 있어요. 사업과 연대 활동이 훨씬 풍성해졌어요. 민집 대표님이 제안하셔서 강서양천행복나눔사업단에도 들어갔죠. 강서양천행복나눔사업단은 강서·양천 지역 노조, 민집, 시민단체들이 함께 모여 집수리와 위기 가정 다면 지원 등을 고민하는 곳입니다. 빵그는 금전으로 후원하기는 어려워서 가장 잘할 수 있는 그림책 나눔과 그림책 봉사를 하겠다고 제안했어요. 그렇게 시작된 사업이 '찾아가는 그림책약방'이었어요. '찾아가는 그림책약방'은 지역아동센터와 경로당 등을 찾아가 그림책을 읽으며 교감하면서 문화적이고 정서적인 만족감을 높이는 프로그램입니다. 강서양천행복나눔사업단이 격려한 덕에 빵그가 그렇게 소망하던 나눔연대 사업의 첫걸음을 뗄 수 있었고, 2018년부터는 강서구 노동복지센터의 지원을 받아 그림책을 들고 강서구 곳곳을 찾아다니고 있습니다. 사업단에서 이화의료원노조를 만난 인연으로 한 달에 한 번 어린이병동 어린이 환우들에게 그림책을 읽어주고 있어요.

이게 다가 아니죠. 민집, 지역의 다른 협동조합, 시민사회단체, 노조하고 함께 세월호 추모 주간을 기획해 화곡역과 발산역에서 세월호 참사 당일을 기억하는 문화제를 열었고, 민집의 가장 큰 사업인 후원 주점과 김장 나눔 행사에도 함께하고요. 민집 밴드나 운영위 카톡방이나 텔레그램이 뜨면 이대목동병원 노조 파업이나 기자 회견에 같이 출동하고, 목동 서울에너지공사 75미터 굴뚝에서 고공 농성 중인 파인텍 동지들 지지 방문도 함께 갑니다. 인권 선언 70주년이던 2018년 말 '페미니즘으로 다시 쓴 인권선언' 행동을 함께했어요. 든든한 큰언니 같은 민집이 같이하자고 팔짱 끼지 않았으면 빵그가 혼자 참여하고 짧은 시간에 낭독극까지 올릴 수 있었을까요.

빵그는 그림책이 지닌 예술적 가치와 아름다움을 사람들에게 알리려고 만든 단체예요. 그림책을 알면 내가 행복할 수 있고, 그림책을 읽으면 누구에게나 다가갈 수 있어요. 빵그말고도 그림책을 학습, 육아, 상담, 치유 수단으로 활용하는 개인과 단체는 많고, 요즘에는 점점 더 늘어나고 있어요. 빵과그림책이 내세울 수 있는 장점은 이런 활동을 하면서 협동조합 형식을 취한 점이에요. 유능하고 특출한 개인이나 전문가 집단이 많겠지만 협동조합의 원리로 뭉친 사람들은 별로 없을 테니까요. 협동조합이라서 운영할 때 답답하고 비효율적이라고 느낄 수도 있어요. 협동조합이라서 모든 구성원이 평등하고 민주적인 조직 문화를 받아들이며 다같이 성장할 수 있고, 그 성과를 모두 지역에 뿌리고 나누는 전망을 세울 수 있어요. 그런 빵그라서 미약할 수도 있던 우리의 이 시절을 민중의집 사람과공간하고 함께한 일은 큰 행운이었습니다.

빵과그림책, 줄여서 빵그. 민중의집이 지금 모습 그대로 있든, 모든 이들의 바람대로 민중회관을 세워서 더 든든하고 안정된 외양을 갖추든, 언제나 요란하고 시끌벅적하게 빵그(굿)빵그(굿) 활력과 웃음을 불어넣는 빵그이고 싶습니다.

풀뿌리
진보 정치의
요람을 바라며

정성욱 | 양천풀뿌리정치연대

양천 지역에서 민주노동당 시절부터 지역위원회 활동에 조금씩 몸과 마음과 시간과 돈을 보태고 있는 내게 강서구에 떡하니 자리잡은 강서양천민중의집 사람과공간은 시샘을 잔뜩 받아 마땅한 공간이자, 조직이자, 활동이다.

양천 지역 진보 정당 활동가들이 던진 아이디어와 주변 지인들이 건넨 조언, 그리고 십시일반 도움을 받아 '은행정 책마당'이라는 북카페형 작은도서관을 연 때가 2011년이다. 가까운 초중등학교 학부모, 마을 주민, 단체들이 드나드는 소모임 공간으로 어렵게 자리잡고 이러저러한 부침 속에서 조금씩 동네와 마을에 은행정 책마당이 알려지기 시작할 즈음에 우리 지역에서 민중의집을 고민하고 준비한다는, 그때로서는 상당히 놀랍고 신기한 소식을 들었다.

곧이어 준비위원장을 맡은 분이 양천 지역 시민단체와 진보 정당 활동가들을 만나 상의하고 싶다는 뜻을 전해왔다. 상견례 자리가 마련됐다. 그렇게 나상윤 대표를 처음 만났고, 지금도 계속 만나 많은 조언을 듣고 있다. 지금은 학교비정규직노동조합 조직국장을 맡아 전국 곳곳을 돌아다니는 민동원 님이 소개한 나상윤 대표는 '베테랑, 균형감, 추진력'을 갖춘 사람이었다. 5~6년 전 훅 들어온 물음에 툭 던진 대답이었지만, 지금 생각해도 무릎을 탁 치게 만든다.

돌아보니 나는 사람과공간에 두 가지를 크게 기여했다. 첫째, 우리가 만든 은행정 책마당에서 설립 추진위 발족식과 준비팀 회의를 할 수 있게 해 사람과공간이라는 더 크고 가치 있는 공간을 태동시켰다. 둘째, 양천 지역 시민 활동가에게 민중의집의 건립 취지를 전하고 동참하게 하는 데 한몫했다.

2013년 겨울에 1박 2일로 신정동 이펜하우스 단지 게스트하우스에서 양천 지역 시민단체 활동가들이 모여 신년회를 겸한 사업 계획 공유회를 열었다. 인상 깊은 자리였다. 인의협하고 의료생협을 공동 설립해 서남병원을 수탁 운영하는 문제와 강서양천민중의집 건립 문제에 관해 소개하고 질의응답을 했는데, 내가 발표를 맡아 민중의집 운동과 강서·양천 지역 설립 계획의 개요를 발표했다. 굵직한 두 프로젝트는 모두 첫발을 내디디지만 아쉽게도 의료생협은 결실을 맺지 못했는데, 2017년 양천의료복지사회적협동조합 추진위를 다시 구성해 긴 호흡으로 새롭게 활동을 시작하고 있다. 반면 강서양천민중의집에는 양천 지역 활동가들도 발기인, 준비위원, 후원회원, 운영위원 등으로 참여해 지금까지 함께하고 있다.

사람과공간이 진보적 정치 활동을 하는 '사람'들이 따로 또 같이 모일 수 있는 '공간' 구실을 한다는 점을 빼놓을 수 없다. 양천구에는 2002년 민주노동당 지역위원회부터 진보신당, 노동당, 정의당으로 이어지는 흐름이 있다. 이제 활동력과 영향력은 급감했고, 녹색당도 강서구하고 함께 모임을 꾸려서 어렵게 활동을 이어가고 있다. 이런 각자도생을 지역 차원의 협업과 연대 활동의 틀인 '양천풀뿌리정치연대'로 극복하자는 아이디어를 자극한 곳도 사람과공간이다.

양천풀뿌리정치연대는 양천구의 노동당, 녹색당, 정의당 활동가들과 당적은 없지만 정치 활동에 뜻을 둔 시민사회 활동가들로 구성됐다. 느슨한 연대체일 뿐이지만 2016년에는 지역 정치 현안에 개입해 의견을 표명하고 시민자치학교, 구의정 모니터링, 양천구청장 초청 토론회 등을 주도했고, 2018년에는 구청장과 구의원 후보를 배출해 직접 선거에 참여했다.

2018년 하반기에는 이런 활동에 더해 선거 제도를 개혁하려는 정치개혁공동행동에 힘을 보탰다. 또한 2020년 총선과 2022년 지방선거에 당사자 직접 출마를 고민하는 사람을 중심으로 해 후보군을 확대하는 방식으로 정치적 의지와 당위성을 키우고 있다. 선거제 개혁의 결과에 맞춰 당선인을 배출하자는 결의를 모아서 양천 지역 최초의 진보 구의원, 시의원, 구청장의 길을 준비하고 있다.

좋은 말은 이쯤에서 멈추고, 이제 비판과 아쉬움 차례다. 꼭 하고 싶은 말은 우리의 활동과 사업 속에서 노동조합의 인적 자원과 물적 자원이 지역하고 만나 뿌리내리는 전형을 만들어내지 못하고 있다는 점이다. 강서·양천 지역에 자리한 개별 노동조합의 상근 또는 비상근 간부와 조합원이거나 연맹 등 상급 단체의 활동가라는 인적 자원, 그리고 조합 사무실과 강당 등 공간, 장비, 사업 재원 등 물적 자원을 지역의 주민, 사회단체, 직능 단체, 마을 공동체, 사회적 경제 단위 등하고 결합하면서 사업을 유지하고, 사람을 남기고, 의미를 찾아가고 있지 않다는 문제 제기다.

김장 나눔, 집수리, 밥상 모임 등 봉사 활동을 넘어서서 조합(또는 사업장)이 지닌 전문적인 인프라를 활용해 지역의 과제를 해결하려는 기획, 조합원들의 직무 특성을 살려 지역의 공공성을 회복하는 활동 주제를 잡아 노동조합의 추진력으로 돌파하자는 제안, 김장 나눔 행사처럼 조합원들이 참여할 수 있고 뿌듯해하는 활동 아이디어를 여러 노동조합 단체 회원들이 발굴하고 제출하고 실행하게 이끄는 노력 등을 나라면 해볼 수 있을까? 엄두가 나지 않지만, 사람과공간의 회원 구조와 구성원들을 보면 가능성은 있는 듯하다. 아니 어쩌면 여기서 시도하지 않으면 대한민국 어디에서도 열매를 맺지 못할 수도 있다. 사람과공간이 걸어온 길을 잘 정리한 나상윤 전 대표에게 감사드린다. 앞으로 걸어갈 길에도 함께하고 연대하겠다고 다짐하면서, 늘 존경하는 마음을 전한다.